INITIALEN

David Richter
1987 in Kaiserslautern geboren, studierte
Buchwissenschaft und Latein an der
Johannes Gutenberg-Universität in
Mainz. Mit seiner Arbeit zur Bedeutung
und Funktion des Buches in literarischen
Dystopien schloss er 2015 mit einem
Bachelor of Arts ab. Vor dem Studium
arbeitete er in einem Jugendzentrum
und sammelte in der Buchbranche durch
kürzere Praktika erste Erfahrungen.
Begleitend zu seinem Studium absolvierte
er ein längeres Praktikum im Archiv und
in der Bibliothek des Börsenvereins des
Deutschen Buchhandels in der Deutschen
Nationalbibliothek in Frankfurt am
Main. Seit 2015 studiert er in Mainz den
Masterstudiengang Buchwissenschaft und
vertieft sein praktisches Wissen in einem
auf Archäologie, Kunst und Geschichte
spezialisierten Mainzer Verlag.

INITIALEN 20

David Richter

Bedeutung und Funktion des Buches in literarischen Dystopien

Exemplarisch anhand George Orwells Nineteen Eighty-Four

© 2015 Mainzer Institut für Buchwissenschaft

Gesetzt aus Minion Pro und Myriad Pro
in der Lehrdruckerei des Instituts für Buchwissenschaft
von Marina Renkwitz, Cathérine Mester, Helena Ballreich und Stephanie Koch

Lektorat Marlene Thiery und Svenja Heinle

Marketing/PR Tabitha Redepenning und Agnes Zweier

Printausgabe ISBN 978-3-945883-18-1
EPUB ISBN 978-3-945883-19-8
PDF ISBN 978-3-945883-20-4

INHALT

1 GEORGE ORWELL. BUCH ALS ANLIEGEN

»Have you read this book? You must read it, sir. Then you will know why we must drop the atom bomb on the Bolshies!«[1] Diese Buchempfehlung äußerte ein New Yorker Zeitungsverkäufer Ende 1949. Er bezog sich auf George Orwells Roman *Nineteen Eighty-Four*. Jener war mit großem Erfolg[2] im Sommer desselben Jahres erschienen und sieht sich seitdem einer ungeheuer umfänglichen Rezeption ausgesetzt. Seine Interpretation wie auch Beschlagnahmung erstreckt sich hierbei über ein weites und teils widersprüchliches Feld.

Wie bereits aus dem Eingangszitat ersichtlich, erfuhr Orwells letzter Roman gerade in westlichen Staaten eine unmittelbar mit Erscheinen einsetzende antikommunistische Lesart, der sich auch Teile der ersten Forschungsliteratur anschlossen. Dies entsprach dem durch den aufziehenden Kalten Krieg geprägten Zeitgeist. Neben diese politische Beanspruchung trat mit zunehmender Annäherung an das »Orwell-Jahr« 1984 eine Debatte hinsichtlich der Erfüllung seiner vermeintlichen Vorhersagen. Gleichzeitig mündete die Faszination mancher Rezipienten schon bald in eine regelrechte Mystifizierung, in der *Nineteen Eighty-Four* als verzweifeltes Testament eines sterbenden Literaturgenies deklariert wurde.[3] In diese Richtung, jedoch

---

1   Deutscher, Isaac: 1984 – The Mysticism of the Cruelty. In: George Orwell. A Collection of critical Essays (A Spectrum Book. Twentieth century views 119). Hrsg. von Raymond Williams. Englewood Cliffs, New Jersey: Prentice-Hall 1974, S. 119–132, hier S. 132.

2   In England verkauften sich im ersten Jahr 50.000, in den USA sogar 360.000 Exemplare. Vgl. Rodden, John / Rossi, John: The Cambridge introduction to George Orwell. Cambridge u. a.: Cambridge University Press 2012, S. 85.

3   Da die äußerst umfangreiche Interpretations- und Rezeptionsgeschichte gerade der ersten Jahrzehnte nach Erscheinen des Romans bereits mehrfach selbst Gegenstand der Forschung gewesen ist, siehe hierzu ausführlicher: Kumar, Krishan: Utopia and Anti-Utopia in Modern Times. Oxford: Blackwell 1987, hier: S. 288–296.

sachlicher, stießen dann auch biographische bzw. am Gesamtwerk orientierte Interpretationsansätze.[4] Später näherte man sich dem Roman eher auf Umwegen, beispielsweise zur Entkräftung des Totalitarismusvorwurfs an Platons *Politeia*,[5] zur Rechtfertigung und Daseinsberechtigung des gesamten Genres Utopie seit Thomas More[6] oder zur Bestimmung einer neuen Literaturform,[7] für die, im Streit um ihre Bezeichnung, Orwell allen Seiten als Paradigma »ihres« Begriffs diente.[8] In jüngerer Zeit mehrten sich Interpretationsansätze, welche die literarische Dystopie – wie einer jener Gattungsbegriffe lautet und dem sich hier angeschlossen werden soll – und damit eben auch Orwells *Nineteen Eighty-Four*, als eine der drei sogenannten klassischen Dystopien,[9] in Bezug auf ihre jeweils zeitgenössische Gegenwartsrelevanz und ihren Appellcharakter hervorhoben.[10]

In seinem Roman beschreibt Orwell einen fiktiven totalitären Staat *Oceania*, ungefähr im Jahre 1984, dessen herrschende Partei aus dem alleinigen Motiv der Macht agiert. Um sich diese dauerhaft zu sichern, wird die gesamte Bevölkerung unterdrückt. Insbesondere die Mittelschicht sieht sich einer totalen Reglementierung ihres Alltags ausgesetzt. Um jegliche Revolution bereits im Keim zu ersticken, bedient sich der Staat Mechanismen wie *thoughtcrime*, *doublethink* und der *mutability of the past*. Letzter Mechanismus gilt dabei als zentrales Prinzip zur Herrschaftssicherung, was sich auch

---

4   Hervorzuheben ist hier sicherlich Peters, Jan Eden: We Are The Dead. Untersuchungen zur historischen Analyse im antiutopischen Roman: Nineteen Eighty-Four, Brave New World, Wir (My) (Europäische Hochschulschriften 14, Angelsächsische Sprache und Literatur 137). Frankfurt a.M. u.a.: Lang 1985.

5   Otto, Dirk: Das utopische Staatsmodell Platons Politeia aus der Sicht von Orwells Nineteen Eighty-Four (Philosophische Schriften 12). Berlin: Duncker & Humblot 1994.

6   Schölderle, Thomas: Utopia und Utopia. Thomas Morus, die Geschichte der Utopie und die Kontroverse um ihren Begriff. Baden-Baden: Nomos 2011.

7   Schulte Herbrüggen, Hubertus: Utopie und Anti-Utopie. Von der Strukturanalyse zur Strukturtypologie (Beiträge zur englischen Philologie 43). Bochum-Langendreer: Pöppinghaus 1960.

8   Diese Begriffsdebatte, auf die an späterer Stelle noch eingegangen sein soll, ist bis zur Jahrtausendwende umfassend wiedergegeben in Meyer, Stephan: Die anti-utopische Tradition. Eine idee- und problemgeschichtliche Darstellung (Europäische Hochschulschriften 1, Deutsche Sprache und Literatur 1790). Frankfurt a.M. u.a.: Lang 2001.

9   Evgenij Zamjatins Wir (1920), Aldous Huxleys Brave New World (1932) und George Orwells Nineteen Eighty-Four (1949) finden sich häufig als Dreigestirn unter jener Bezeichnung, so bspw. in: Claeys, Gregory: Ideale Welten. Die Geschichte der Utopie. Darmstadt: Wiss. Buchges. 2011, S. 176–180. Oder auch in: Saage, Richard: Politische Utopien der Neuzeit (Herausforderungen 11). Bochum: Winkler 2000, S. 53.

10   Zeißler, Elena: Dunkle Welten. Die Dystopie auf dem Weg ins 21. Jahrhundert. Marburg: Tectum 2008.

in der Parteiparole ausdrückt: »Who controls the past, [...] controls the future: who controls the present controls the past«.[11]

Wie aus obiger Darstellung hervorgeht, existieren bereits zahlreiche Aussagen und Deutungsversuche zum Roman und zu einzelnen Zügen darin. In Bezug auf die Kulturpolitik des totalitären Staates offenbart sich aus buchwissenschaftlicher Sicht jedoch eine Rezeptionslücke. Die herausragende Bedeutung des Mediums Buch und seiner Funktionen sowohl für den Autor George Orwell, als auch in der Romanhandlung, findet, wenn überhaupt, nur beiläufige Erwähnung. Daher ist es Anliegen der vorliegenden Arbeit, sich diesem Gesichtspunkt stärker zuzuwenden. Über die Gattung bestimmende Charakteristika, wie Gegenwartsrelevanz und Appell, kann mittels Orwell ein möglicherweise interessanter Blickwinkel auf das Genre und für die Buchwissenschaft geöffnet werden. Es gilt also im Folgenden, zuerst die Behauptung zu überprüfen, dass George Orwell das Medium Buch ein besonderes Anliegen gewesen sei, und dann, dass er dieses Anliegen in die Romanhandlung von *Nineteen Eighty-Four* übertrug. Buch wird hier bewusst nach einer »traditionellen« Definition verstanden, die sich in folgenden drei Aussagen widerspiegelt:

> *»Als Buch wird allgemein ein handwerklich oder maschinell hergestelltes physisches Objekt bezeichnet, das Schrift- und Bildzeichen dauerhaft speichert und überliefert.« In seiner traditionellen Komposition eignet es sich in besonderem Maße »als zweckmäßige[r] Schrift- und Wissensspeicher.« »Das Buch als Medium wird [...] für Information [...] genutzt«.[12]*

Aufgegriffen wird Peters bereits angedeuteter Versuch, über den Abgleich des Romans mit dem Gesamtwerk näher an den Autor George Orwell herantreten zu können. Aufsätze – ihre Titel lassen es teils schon erahnen – wie *Prophecies of Fascism* (1940), *The Prevention of Literature* (1946) oder *Why I Write* (1946) sowie Briefe und Artikel, die Orwell allesamt im Kontext der Entstehungszeit von *Nineteen Eighty-Four* schrieb, beinhalten dabei zentrale

11 George Orwell. Nineteen Eighty-Four (Penguin Student Editions). Hrsg. von Ronald Carter und Valerie Durow. London: Penguin Books 2000, S. 34. Im Folgenden wird stets auf diese Ausgabe verwiesen.

12 Alle drei Aussagen aus: Rautenberg, Ursula: »Buch«. In: Das BuchMarktBuch. Der Literaturbetrieb in Grundbegriffen (rororo 52672, Rowohlts Enzyklopädie). Hrsg. von Erhard Schütz u.a. Reinbek bei Hamburg: Rowohlt Taschenbuch 2005, S. 63–69, hier jeweils S. 63; 64; 65.

Aussagen.[13] Als unterstützende theoretische Grundlage zur Funktion des Buches dient Aleida und Jan Assmanns Theorie des kulturellen Gedächtnisses. Einige der durch sie vorgenommenen Kategorisierungen sollen die Konsequenzen der ozeanischen Kulturpolitik verdeutlichen helfen.[14] Hierzu ebenfalls hilfreich und grundlegend für die Genrebestimmung ist Meyers bereits genanntes Werk *Die anti-utopische Tradition* (2001) und, zu Begriff sowie Aktualität der Dystopie, Zeißlers auch schon genanntes *Dunkle Welten* (2008). Verwendete biographische Daten zu Orwell oder seinen Werken entstammen, wenn nicht ausdrücklich anders verwiesen, aus Hammonds *A George Orwell Chronology* (2000).[15]

13 Alle in der Arbeit verwendeten Essays, Briefe etc. Orwells werden in der Forschungsliteratur, insbesondere bei Meyer (2001) und Peters (1985), ausgiebig zitiert und besprochen. Verzichtbar ist daher ein doppelter Rückverweis auf The Collected Essays, Journalism and Letters of George Orwell. Hrsg. von Sonia Orwell und Ian Angus. 4 Bde. London: Secker & Warburg 1968–1969.

14 Assmann, Aleida: Erinnerungsräume. Formen und Wandlungen des kulturellen Gedächtnisses. München: Beck 1999. Auch: Assmann, Aleida /Assmann, Jan: Das Gestern im Heute. Medien und soziales Gedächtnis. In: Die Wirklichkeit der Medien. Eine Einführung in die Kommunikationswissenschaft. Hrsg. von Klaus Merten, Siegfried J. Schmidt und Siegfried Weischenberg. Opladen: Westdt. Verlag 1994, S. 114–140.

15 Hammond, John Richard: A George Orwell Chronology (Author chronology series). Basingstoke: Palgrave 2000. Das Buch stellt ein mit neueren Erkenntnissen ergänztes Destillat dar von: Hammond, John Richard: A George Orwell Companion: a guide to the novels, documentaries and essays. London: Macmillan 1984, insbesondere der Seiten 3–31, auf denen alle Daten ausführlicher erläutert werden.

2 LITERARISCHE DYSTOPIEN

Nineteen Eighty-Four ist einer ganz bestimmten Gattung zuzurechnen, über deren Funktionen Aussagen über das Medium Buch in einem besonderen Licht erscheinen. Daher lohnt es, sich zuallererst diesem Genre zu nähern. Orwell selbst verortet *Nineteen Eighty-Four* in einem Brief vom Mai 1947 im Bereich der »fantasy, but in the form of a naturalistic novel.«[16] In einem weiteren Brief, geschrieben im Februar 1949, bezeichnet er seinen Roman dann als Utopie,[17] wohl in der Tradition seiner literarischen Vorbilder Herbert George Wells *When the Sleeper Wakes* (1899), dem er 1940 einen Artikel widmete, und Evgenij Zamjatins *Wir* (1920), das er für eine Januar-Ausgabe der *Tribune* von 1946 rezensierte.[18] Nach einer Jahrzehnte zurückreichenden Kette der Gattungsdifferenzierung wird heutzutage Orwells Buch der Dystopie zugerechnet. Doch egal unter welchem Begriff, *Nineteen Eighty-Four* galt stets als »Paradigma«[19] jener Literaturform.

Eine im deutschen Sprachraum erste Annäherung an eine von der Utopie unterschiedene Form unternahm Schulte Herbrüggen. Er setzte die Jahrhundertwende vom 19. ins 20. Jahrhundert als Grenzmarke eines Wandels von einem Fortschrittoptimismus hin zu einem Entwicklungspessimismus, der sich auch in der Literatur bemerkbar machte: »Die große Utopie welkt dahin und verkümmert; das 20. Jahrhundert führt eine neue Epoche herauf.«[20] In dieser sah er die Anti-Utopie, wie er jene neue Form nannte, analog zur Uto-

---

16 Fenwick, Gillian: George Orwell. A Bibliography (Winchester bibliographies of the 20th century writers). Winchester: St. Paul's Bibliographies u.a. 1998, S. 127.

17 Vgl. ibid., S. 129.

18 Vgl. Hammond (1984), S. 171.

19 So bereits betitelt bei: Schulte Herbrüggen (1960), S. 162.

20 Ibid., S. 84.

pie »mit den verlängerten Fluchtlinien der eigenen Gegenwart«[21] zeichnen, jedoch »vom Wunschtraum zum Alptraum«[22] gewandelt.

Neben Jonathan Swift als Wegbereiter gelten heutzutage vier Autoren als Begründer dieser Ausformung: Fedor Dostoevskij, Herbert George Wells, Edward Morgan Forster und Evgenij Zamjatin. Dessen Roman *Wir* (1920) wird, ebenso wie Aldous Huxleys *Brave New World* (1932) und Orwells *Nineteen Eighty-Four* (1949), als klassischer Vertreter des Genres bezeichnet. Aus diesen Romanen lassen sich prinzipielle Themen und Motive, gerade in Gegenüberstellung zur Utopie, ableiten. So stehen einem Fortschrittsoptimismus ein -pessimismus, der Vernunft die Irrationalität, dem besseren der eingeschränkte und unterdrückte Mensch, der klaren die erzwungene hierarchische Ordnung, der säkularisierten die von einer Ersatzreligion abhängige Gesellschaft, einer Statik eine Stagnation, den Wächtern die Überwachung sowie einem idealen kollektivistischen Staat eine Betonung eines entindividualisierten Individuums ohne Privatsphäre – das erste Hauptthema – gegenüber. Weitere für die Utopie typische Konzepte werden in ihre Negativität verlängert, was sich insbesondere am Umgang mit der Vergangenheit zeigt. Die in der Utopie vorzufindende völlige Abkehr von jener aufgrund einer empfundenen Belastung, wird als bedrohlicher Verlust von Kultur, Tradition und Moral weitergedacht. Als zweites Hauptthema wird die Vergangenheit daher vielmehr als Bindeglied und Symbol betont, in die der Protagonist seine Hoffnungen gegen den vergangenheitstilgenden Staat setzt. Auch die als eher kulturfeindlich empfundene Haltung der Utopie findet im passiven Konsum und im fehlenden kritischen Nachdenken ihre Übersteigerung. Ein weiterer bewusst gebildeter Kontrast ist das Thema Natur. Steht ihr die Utopie häufig feindlich gegenüber, setzt die neue Form sie gerne in der Funktion als Fenster in eine bessere Welt ein. Einzig das dritte Hauptthema, die Sprache, findet kein Pendant. Allerdings erfüllt sie auch eher die Funktion eines Instruments, mit dessen Hilfe der Staat in der Lage ist, die beiden anderen Hauptthemen, also Entindividualisierung und Vergangenheitskontrolle, umzusetzen.[23]

Jene sich also seit dem späten 19. Jahrhundert langsam herausformende »neue Spielart«[24] klassifizierte Schulte Herbrüggen als Unterart einer Großgattung Utopie von More bis Orwell, da er in ihr seine zuvor für die Utopie

21   Ibid., S. 171.
22   Ibid., S. 187.
23   Vgl. Zeißler (2008), S. 24–37.
24   Schulte Herbrüggen (1960), S. 118.

geltend gemachten drei Hauptprinzipien – Isolation, Selektion, Idealität[25] – in leicht abgeänderter Form wiedererkannte. An die Stelle der optimistischen Bejahung träte lediglich die pessimistische Verneinung.[26] Dieses simple Schwarzweißbild stellte sich jedoch im Versuch, jene neue Form genauer zu fassen, als äußerst problematisch heraus und sah sich im weiteren Verlauf stärkeren Differenzierungen ausgesetzt, die schließlich eine Fülle an sich (mehr oder weniger) anbietenden Begriffen hervorbrachten, wie Gegenutopie, Schreckutopie, Mätopie, Kakotopie, Groteskutopie, pessimistische, kritische, negative, schwarze, devolutionistische, apotropäische oder auch apokalyptische Utopie.[27]

Unter dieser Begriffsvielfalt plädiert Meyer für Anti-Utopie, gibt sich mit Schulte Herbrüggens Begriffsanlage jedoch nicht zufrieden. In einem groß angelegten Gewaltmarsch durch die Jahrhunderte versucht er daher, die »Essenz des Anti-Utopischen« herauszustellen, wobei eine Anti-Utopie für ihn ein »Falsifikationsmodell« ist, das neben einem direkten Gesellschaftsbezug und einer Kritik an gegenwärtigen Tendenzen, auf einem »Unbehagen am Utopischen« beruhe. Um tatsächlich zu jener anvisierten Essenz zu gelangen, startet er seine Untersuchungen bereits im 16. Jahrhundert, obgleich er die Blütezeit der Anti-Utopie erst auf den Zeitraum zwischen 1890 und 1950 veranschlagt.[28] Als herausstechende Merkmale, die in einer Anti-Utopie in der Regel behandelt werden, bespricht er ausführlich Isolation, Statik, Kollektivismus, ökonomische Rationalität, Homogenität und Uniformität, Familienpolitik, Kulturpolitik, Eugenik, die utopische Staatsordnung und letztlich den Sanktionsapparat.[29] Da er George Orwells *Nineteen Eighty-Four* nicht nur als Anti-Utopie klassifiziert, sondern sogar als Höhepunkt der anti-utopischen Tradition ansieht,[30] können diese also auch hierfür als gültig erachtet werden. Von besonderem Interesse ist für das Anliegen der Arbeit das Merkmal Kulturpolitik, das er zu einem großen Teil sogar anhand Orwells Roman bespricht.[31]

Auch wenn Meyer somit zentrale Bausteine richtig herausstellt, so ist doch seine Fokussierung auf jener sogenannten Essenz, also der Stoßrichtung gegen typisch utopische Elemente, zu eng gefasst und bringt ihn zu

25   Siehe hierzu ausführlicher ibid., S. 111–114.
26   Vgl. ibid., S. 202–206.
27   Für genauere Erklärung zu einzelnen und weiteren Begriffen siehe Meyer (2001), S. 17–32.
28   Vgl. ibid., S. 11–15.
29   Vgl. ibid., S. 39–90.
30   Vgl. ibid., S. 432.
31   Vgl. ibid., S. 75–84.

einer Ablehnung des Begriffs Dystopie, da diesem die gegenutopische Haltung nicht anzusehen sei. Jedoch findet sich hierauf auch eine nützliche Beobachtung zur logischen Etymologie. Der korrekte Gegenbegriff zur Utopie müsse eigentlich Topie sein, Dystopie sei lediglich das Pendant zu Eutopie.[32] Tatsächlich legt ein Blick auf die ursprüngliche Wortschöpfung jene Unterscheidung nahe.

Als Erfinder des Begriffs Utopie gilt der englische Jurist und Politiker Thomas More mit seiner Schrift *De optimo rei publicae statu sive de nova insula Utopia* (1516). Es kann hierbei von einem bewussten Wortspiel ausgegangen werden, da die altgriechische objektive Verneinung *ou* und das ebenfalls altgriechische Präfix *eu-*, also nicht (existent) und gut- oder wohl-, in englischer Aussprache ähnlich klingen.[33] *Topos* ist altgriechisch und bedeutet so viel wie Ort, Land oder Stadt. Die trickreiche, wenn auch grammatikalisch nicht ganz korrekte Doppelbedeutung als sowohl Nicht-Ort oder Nirgendwo, wie auch Gut-Ort, ist für Verständnis und Verortung des Begriffs Dystopie entscheidend.

Dieser ist ebenfalls eine altgriechische Wortbildung aus dem Präfix *dys-*, was so viel wie un- oder miss- bedeutet, und wiederum dem Substantiv *Topos*. Dystopie bedeutet daher so viel wie Un-Ort oder Miss-Ort.[34] Als Schöpfer wurde lange Zeit fälschlicherweise J. Max Patrick angesehen, der den Begriff 1952 in einer Publikation verwendete. Tatsächlich findet sich das Wort *dystopians* jedoch bereits in einem Artikel von John Stuart Mill.[35] Da es sich dabei also, zumindest etymologisch, tatsächlich um eine Reaktion auf Eutopie handelt, ist eine frühere Bildung nicht auszuschließen. Terminus post quem stellt dann Mores Schrift von 1516 dar.

Zeißler weist auf die immer noch nicht abgeschlossene Diskussion um eine korrekte und einheitliche Namensfindung der Gattung hin, sieht die beiden Begriffe Anti-Utopie und Dystopie jedoch mittlerweile als weitestgehend etabliert, wobei es sich hierbei um zwei keineswegs deckungsgleiche Phänomene handele, vielmehr könne zwischen pessimistisch-konservativ und optimistisch-progressiv, zwischen Resignation und militantem Pessimismus oder auch zwischen utopiekritisch und gesellschaftskritisch differenziert werden. Orwells *Nineteen Eighty-Four* sei hierbei der jeweils zweiten Option,

---

32 Vgl. ibid., S. 26f.
33 Vgl. Seeber, Hans Ulrich: Die Selbstkritik der Utopie in der angloamerikanischen Literatur (Politica et Ars 5). Münster: Lit 2003, S. 55.
34 Vgl. Schölderle (2011), S. 155.
35 Vgl. Meyer (2001), S. 25.

also der Dystopie zuzurechnen, bewege sich gleichzeitig aber auch sehr zwischen Enttäuschung und Appell. Die Dystopie fände sich also in einer Vermittlerrolle zwischen Utopie und Anti-Utopie wieder und meine, eben in Gegenüberstellung zur Utopie im Sinne einer Eutopie, d.h. einer Schilderung einer deutlich besseren, die Darstellung einer erheblich schlechteren Gesellschaft. Jedoch könne auch in der Dystopie wiederum eine Kategorisierung in eine einfache und in eine antiutopische Form unternommen werden. Letztere richte sich dann verstärkt – parodistisch – gegen in der Regel eindeutig benennbare Utopien.[36] Hierin liegt wohl die zuvor erfolgte Verortung von Orwells letztem Roman begründet, da sich in ihm tatsächlich satirische Elemente auf diverse Utopien vermuten lassen.[37] Andererseits ist es wohl kaum verwunderlich, dass innerhalb einer Gattung ähnliche Züge wiederholt und im Falle der beiden Pole Eutopie und Dystopie gegenübergestellt auftreten.

Nach einer Definition Affeldt-Schmidts, ist eine Dystopie ein »Entwurf einer hypothetisch möglichen negativen Welt [...], der in zeitlicher Projektion und Perfektionierung von kritisch beurteilten, negativen Entwicklungstendenzen der zeitgenössischen Wirklichkeit eine idealtypisch vollendete, negative Modellwelt versinnlicht.«[38] Die Inhalte einer Dystopie sind also keineswegs im Phantastischen anzusiedeln, sondern beruhen auf einer Analyse ihrer Entstehungszeit. Bei den Elementen, die der Autor dabei aufgreift und extrapoliert, kann davon ausgegangen werden, dass sie ihm in der Regel ein besonderes Anliegen sind. Im Umkehrschluss muss jedoch auch eine – zumindest aus Sicht des Autors – gewisse Problematik in der Gegenwart hinsichtlich jener Elemente vorliegen.

Eine tief verankerte Gegenwartsrelevanz kann demnach als Ursache für das gehäufte Auftreten der Dystopie in der bereits für die Anti-Utopie genannten Zeit angesehen werden. Vor einem Hintergrund wie der Weltwirtschaftskrise, den Schrecken des Ersten und Zweiten Weltkrieges, dem

---

36 Vgl. Zeißler (2008), S. 15–17.

37 Denkbare Anknüpfungspunkte könnten die reglementierte Familien-/Ehepolitik in Platons *Politeia* (4. Jhd. v.C.), der lückenlos gefüllte Tagesablauf der Utopier oder die Kriegspraxis des ungenutzten Bodens in Thomas Mores *Utopia* (1516), die als gut empfundene absolute Unterwerfung des Individuums unter die Staatsmacht und die Auslöschung von Liebe zwischen den Geschlechtern in Campanellas *La Città del Sole* (1632), die irrationale Verformung naturwissenschaftlicher Fakten durch die herrschende Macht in de Bergeracs *L'autre Monde ou les Etats et Empires de la Lune* (1657) oder auch die Tabuisierung von Sexualität in Cabets *Le voyage en Icarie* (1840) darstellen. Ein knapper Überblick über die Werke bietet bspw. Gnüg, Hiltrud: Der utopische Roman. Eine Einführung (Artemis-Einführungen 6). München u.a.: Artemis-Verlag 1983.

38 Affeldt-Schmidt, Birgit: Fortschrittsutopien. Vom Wandel der utopischen Literatur im 19. Jahrhundert. Stuttgart: Metzler Studienausgabe 1991, S. 35.

Abwurf der ersten Atombombe oder dem Aufziehen des Kalten Krieges »wechselt schließlich der Nicht-Ort seine Vorzeichen: Aus dem einstigen Eutopia wird Dystopia, aus dem imaginierten Himmel auf Erden die drohende Hölle.« Darin schwingt nun noch ein weiterer wichtiger Punkt mit, der in der vorgelegten Definition nicht genannt wird, jedoch beinahe zwangsläufig geschlussfolgert werden muss, nämlich die Motivation des Autors, jene für ihn bedeutsamen Elemente in einer Dystopie aufzubereiten. Dieses Vorgehen muss als Warnung und gleichzeitig Aufruf zur Besserung an seine zeitgenössischen Leser verstanden werden. Als Funktion bereits in den Eutopien enthalten, erhält dieser Punkt in den Dystopien besondere Tragkraft oder sogar »Dringlichkeitscharakter«.[39]

Das Ziel der Dystopie ist also knapp formuliert das Ausüben von Kritik. Auch Kritik an Elementen des utopischen Denkens. Vielmehr aber Kritik an Missständen und Tendenzen der Gegenwart. Doch Kritik nicht der reinen Kritik willen, sondern sie will als Warnung verstanden sein. Daher kann das Ziel der Dystopie auch mit Realitätskorrektur benannt werden. Die Extrapolation in die Zukunft dient dabei also nur dem Mittel der satirischen Verfremdung. Die Verspottung möchte eine besonders eindrückliche Wirkung erzeugen. Im Gegensatz zum Kontrast in der Utopie, setzt die Dystopie also eher auf Nähe zur Gegenwart.[40]

Dieser Gegenwartsbezug lässt sich im Groben bereits vorgreifend auch bei Orwells *Nineteen Eighty-Four* benennen. Der Autor warnt vor einer Ausweitung des Totalitarismus, wie er ihn in diversen Staaten in den 1930er- und 1940er-Jahren meint beobachtet zu haben, denn die Grundzüge hierfür sieht er auch in den westlichen Staaten für gegeben. Daher siedelt er den Handlungsort seines Romans wenig überraschend in ein zukünftiges London an, das vielmehr einem Nachkriegs-London gleicht, womit er bei vielen Lesern wohl auch eine emotionale Komponente provozierte, die Näheschuf. Ebenso lässt sich am Staat in *Nineteen Eighty-Four* jedoch auch ein Modellcharakter erkennen und somit kann Orwells Roman zusätzlich eine gewisse Allgemeinverbindlichkeit zugesprochen werden, die auch noch für spätere Zeiten, nicht nur seine eigene Gegenwart gelten kann.[41] Ein Indiz hierfür und gegen eine ausschließlich konkrete Datierung könnte bereits im ausgeschriebenen

---

39   Beide Zitate dieses Abschnitts aus: Chrostek, Katharina: Utopie und Dystopie bei Michel Houellebecq: komparatistische Studien (Studien und Dokumente zur Geschichte der Romanischen Literaturen 59). Frankfurt a.M. u.a.: Lang 2011, S. 31.

40   Vgl. Zeißler (2008), S. 31f.

41   Vgl. ibid., S. 37.

Titel liegen, worauf Orwell Wert legte.[42] Diese zeitenungebundene Allgemeingültigkeit ist wohl auch der Garant für den andauernden Erfolg und Status des Romans, da für jede Epoche und Gesellschaft jeweils einzelne Elemente Relevanz zu entwickeln scheinen.[43] »It was a bright cold day in April, and the clocks were striking thirteen«,[44] wie der erste Satz des Romans lautet, scheint immer wieder neu als ein dringlicher Appell Orwells verstanden werden zu können.

---

42 Vgl. Crick, Bernard: Nineteen Eighty-Four. Satire or Prophecy? In: The future of Nineteen Eighty-Four. Hrsg. von Ejner J. Jensen. Ann Arbor. University of Michigan Press 1984, S. 7–21, hier S. 7.

43 Vgl. Allen, Francis A.: Nineteen Eighty-Four and the Eclipse of Private Worlds. In: The future of Nineteen Eighty-Four. Hrsg. von Ejner J. Jensen. Ann Arbor. University of Michigan Press 1984, S. 151–175, hier S. 151.

44 Orwell, S. 5.

3 NINETEEN EIGHTY-FOUR UND DIE VERÄNDERBARKEIT DER VERGANGENHEIT

George Orwells letzter Roman *Nineteen Eighty-Four* erschien bei Secker & Warburg am 8. Juni 1949 in London und unter dem Titel *1984* bei Hartcourt Brace am 13. Juni in New York.[45] Als Entstehungszeit ist nur schwerlich ein Zeitraum auszumachen, Orwell selbst datiert in einem Brief vom Dezember 1948 an den Verlagsdirektor von Secker & Warburg, Roger Senhouse, den Beginn auf die Konferenz der Alliierten in Teheran 1944 – die tatsächlich jedoch im November 1943 stattfand! –, die ihm als entscheidende Inspiration gedient haben soll, über eine mögliche Nachkriegswelt nachzudenken. In einem anderen Brief bereits aus dem Oktober desselben Jahres an seinen Verlag gibt er dann auch an, bereits 1943 die Idee unter dem Arbeitstitel *The Last Man in Europe* entwickelt zu haben.[46]

Das wohl prägendste Ereignis war jedoch sicherlich der Spanische Bürgerkrieg, in dem Orwell 1937 kämpfte, durch einen Halsschuss verwundet wurde und über Marrakesch zurück nach England floh. Wie schon in Spanien, so musste er auch in der heimischen Presse mit Schrecken eine völlig verzerrte und teils frei erfundene, rein propagandistischen Zielen dienende Berichterstattung feststellen, was ihn thematisch bis an sein Lebensende und beinahe schon an die Grenzen zum Paranoiden begleiten sollte.[47] Seine tiefe Skepsis hinsichtlich einer objektiven Wahrheit und Geschichtsschreibung drückte er mehrfach in Briefen, Rezensionen sowie auch bereits in seinem Buch *Homage to Catalonia* (1938) oder in seinem Aufsatz *Looking back on the*

---

45 Vgl. Fenwick (1998), S. 130.

46 Vgl. ibid., S. 128.

47 Vgl. Adelson, Joseph: The Self and the Memory in Nineteen Eighty-Four. In: The future of Nineteen Eighty-Four. Hrsg. von Ejner J. Jensen. Ann Arbor: University of Michigan Press 1984, S. 111–119, hier: S. 112–114. Peters (1985), S. 32f., zeigt dieses Misstrauen anhand Orwells War-Time Diary, aus dem sich »dieses allgemeine Gefühl der Unsicherheit« entwickelte, welches später für seine Romanfigur Winston Smith charakteristisch werden sollte.

Spanish War (1942) aus. In letzterem erklärt er die Geschichtsschreibung mit dem Jahr 1936 symbolisch an der Gleichung 2+2=5 für beendet.[48] Die Schuld weist er Intellektuellen zu, bei denen er eine zunehmende emotionale Übersteigerung ausmachte.[49]

Dass ihm das Thema besonders am Herzen lag, zeigt sich vor allem in seinem Aufsatz *Why I Write* (1946), in dem er die Beweggründe seines Autorendaseins benannte: ein gewisser Egoismus, eine Neigung zum Ästhetischen, ein politischer Dienst und eben aus einem historischen Antrieb heraus. Während der dritte Grund mehr einer Verpflichtung der besonderen Umstände jenes letzten Jahrzehnts geschuldet sei, sieht er gerade im letzten Grund die Hauptaufgabe eines Autors.[50] Seeber weist knapp auf Orwells Charakter eines Historikers hin, der sich in *Nineteen Eighty-Four* deutlich an der Suche nach Vergangenheit und Wahrheit des Protagonisten Winston Smiths zeige.[51] Hieraus lässt sich also Orwells Bedürfnis nach einer Produktion verlässlicher Fakten für die Nachwelt und gleichzeitig ein didaktischer Anspruch ableiten. Er erkannte eine Tendenz zur Nichtgegebenheit solcher Verlässlichkeit und wählte die Dystopie mit ihren Eigenschaften der Gegenwartskritik und des Appells, um darauf hinzuweisen.

Häufig wird *Nineteen Eighty-Four* dabei als eine Konklusion seines bisherigen Schaffens angesehen.[52] Dies unterstreichen die für die Zeit zwischen seinem Spanienaufenthalt bis zur Veröffentlichung des Romans zahlreichen thematischen Übereinstimmungen in Briefen, Kolumnen in der Zeitschrift *Tribune* und Aufsätzen mit dem Roman. So beschreibt er in *Inside the Whale* (1940) seine Beobachtungen hinsichtlich der stalinistischen Politik, die im Zuge der Prozesse gegen ehemalige Parteimitglieder offensichtlich aktiv Parteigeschichte eingriffe, und prognostiziert ein Zeitalter der Gedankenunfreiheit und den Tod der Literatur. In *The Prevention of Literature* (1946) macht er die Kontrolle über Literatur als entscheidendes Herrschaftsmittel eines totalitären Staates noch vor Konzentrationslagern oder Überwachung aus.

---

48   Auf jene Gleichung greift er mehrfach in Nineteen Eighty-Four zurück. Dabei wandelt sich das Ergebnis von 4 nach der erfolgreichen Gehirnwäsche Winston Smiths durch O'Brien in das Ergebnis 5. Vgl. Orwell, S. 74; 178; 199; 226–228; 233; 250; 262.

49   Vgl. Meyer (2003), S. 439–441.

50   Vgl. Peters (1985), S. 131–134.

51   Vgl. Seeber (2003), S. 248f.

52   So äußert sich bspw. bereits Hammond (1984), S. 175. Diese durchaus richtige Beobachtung brachte jedoch auch die mystifizierende Testaments-Interpretation hervor, bspw. zu finden in: Erzgräber, Willi: Utopie und Anti-Utopie in der englischen Literatur. Morus, Morris, Wells, Huxley, Orwell (Uni-Taschenbücher 1071, Literaturstudium 1). München: Fink 1985, S. 170.

In *As I Please* in der *Tribune* vom 4. Februar 1944 gelangt er zur Erkenntnis, dass Geschichte stets von Gewinnern[53] geschrieben und gerade in totalitären Systemen Vergangenheit nachträglich und aktualisierend verformt werde.[54] Peters findet zu diesen Gemeinsamkeiten sogar eine eindrucksvolle Häufung an wortwörtlichen Übereinstimmungen mit dem Roman.[55]

Kann also für die Genese des Romans ein Zeitraum von etwa einem Jahrzehnt geltend gemacht werden, so ist die tatsächliche Abfassungszeit über Briefe Orwells relativ eindeutig auf einen Zeitraum von gut zwei Jahren zwischen August 1946 und November 1948 zu veranschlagen. Schrieb er anfangs hauptsächlich in seinem nach dem Tod seiner Ehefrau 1945 gekauften Haus auf der schottischen Insel Jura, beendete Orwell den Roman im Krankenhausbett, das er aufgrund einer schweren Tuberkulose-Erkrankung seit Ende 1947 bis zu seinem Tod am 21. Januar 1950 die meiste Zeit gegen seine Neuheimat auf den Hebriden eintauschen musste. Die Hauptarbeitsphase 1948 war letztlich in Vertauschung der beiden letzten Ziffern titelgebend.[56]

Gegen Ende des Jahres tippte Orwell, nicht mehr in der Lage sein Bett zu verlassen, sein Manuskript eigenhändig ab, statt es dem Verlag zu übergeben.[57] Er traute offensichtlich, nach der Presse, nun auch den Buchverlagen nicht mehr bei der korrekten Übernahme. Dieses verlorene Vertrauen und damit im Umkehrschluss die Bedeutung des Mediums Buch für ihn als »grafische Materialisierung geistig-immaterieller Inhalte, zum Zwecke ihrer Erhaltung, Überlieferung und Verteilung in der Gesellschaft«,[58] verarbeitete er auch in *Nineteen Eighty-Four*. Dort schildert er novel-writing-machines, welche das Buch unabhängig von der geistigen Leistung eines Autors machen. Die Maschinen stehen hierbei ausschließlich im *Ministry of Truth*, welches somit ein Monopol in der Buchherstellung erhält. Die Menschen – wie die Figur Julia aus dem Roman –, die jene Apparaturen beaufsichtigen, schleppen große Werkzeugtaschen mit sich herum, mehr scheint in

---

53   An dieser Stelle fällt jedem Leser von Nineteen Eighty-Four sofort die abnorme Häufigkeit des euphemistisch gebrauchtenWortes victory im Roman ein. Dort werden jegliche Lebensmittel, Gebäude oder sonstigen Gegenstände, welche von der Partei hergestellt wurden, mit dem Vorwort victory- versehen. Selbst WINston Smith trägt am Ende den Sieg über sich selbst davon.

54   Vgl. Meyer (2001), S. 433–440.

55   Vgl. Peters (1985), S. 127.

56   Vgl. Fenwick (1998), S. 127f.

57   Vgl. Hammond (1984), S. 170.

58   Hiller, Helmut / Füssel, Stephan: Wörterbuch des Buches. Frankfurt a.M.: Klostermann 2006, S. 61.

der Buchproduktion nicht mehr benötigt zu werden. Die Buchproduzenten selbst haben dabei jegliches Interesse am Buch verloren.[59]

Im Folgenden werden nun innerhalb der Termini von Assmann/Assmann ein Gliederungsversuch sowie ein genauerer Blick auf die Kulturpolitik, hauptsächlich das Buch betreffend, in *Nineteen Eighty-Four* unternommen. Dazu wird an manchen Stellen direkt auf den Roman verwiesen. Die Auswahl der Textbezüge und -belege erhebt dabei nicht den Anspruch der Vollständigkeit, sondern erfolgt nach dem Kriterium der Prägnanz. Das exemplarische Vorgehen dient der Übersichtlichkeit. Eine allzu umfängliche Ausschöpfung und dann womöglich Erschöpfung des Romans soll vermieden werden, um genügend Raum für eine (wiederholte) Eigenlektüre offen zu lassen.

3.1 Das Buch als Ordnungs- und Rückversicherungsmedium

Es finden sich in der Forschungsliteratur zahlreiche Versuche der Gliederung des Romans. Manche davon sollen hier in aller Kürze skizziert werden, um anschließend einen eigenen Entwurf vorzustellen, der die entscheidende Rolle des Mediums Buch in *Nineteen Eighty-Four* unterstreicht. Eine erste numerische Annäherung ergibt drei Buchteile mit insgesamt 24 Kapiteln und einem Appendix, wobei acht Kapitel auf den ersten Buchteil, zehn auf den zweiten Buchteil und sechs auf den dritten Buchteil entfallen.

In der Tat gliedern sich literarische Dystopien allgemein meist in drei Teile: Exposition, Erkenntnisprozess zur Rebellionsentscheidung und Widerstandsunterdrückung. Elementar und in der Funktion als Erläuterung ist stets die ans Ende gestellte Gesprächsszene zwischen dem Protagonisten und seinem Widersacher, eine Personifizierung des Staates. Dem stehen ein Beginn in medias res und eine Einführung in die dystopische Welt durch den Blick eines ihrer Bewohner als Stilmittel zum Kreieren von Nähe gegenüber, damit der Leser seine eigene Gegenwart erkennt. Die dazwischen sich entwickelnde Rebellion als Pendant zum utopischen Reise-Motiv drückt sich in Gegensätzen zum Staat aus. Was dieser unterdrückt, erstrebt jener. Diese allgemeine Ordnung lässt sich auch Orwells drei Buchteilen zuordnen. Ebenso finden sich die für die Dystopie typischen Rebellionsbedürfnisse wieder, wie Handlungs- und Denkfreiheit, Privatsphäre, Individualität, Liebe, persönliche und kollektive Geschichte sowie Naturerlebnisse.[60] In *Nineteen*

---

59   Vgl. Orwell, S. 12; 97; 118f. Das fehlende Interesse zeigt sich an Julia, siehe bspw.ibid., S. 132; 141; 181f.; 196.

60   Für die allgemeine Gliederung literarischer Dystopien vgl. Zeißler (2008), S. 28–31.

Eighty-Four tritt neben diese aber auch und sogar in besonderem Maße das Medium Buch, das Ziel von Winston Smiths Vergangenheitsexpedition.

Auch thematisch können für die drei Buchteile diverse Zuordnungen getätigt werden. So ergeben sich unter dem Aspekt der Liebesbeziehung die Kategorien »allein« (Buchteil I), »zusammen« (Buchteil II) und »getrennt« (Buchteil III). Unter dem Aspekt der Bezugspersonen des Protagonisten, lässt sich der Roman in »Winston Smith« selbst (I), »Julia« (II) und »O'Brien« (III) einteilen.[61] Die Kategorien »Vergangenheit« (I), »Gegenwart« (II) und »Zukunft« (III) können unter dem Aspekt der Bezugszeit ausgemacht werden.[62] Noch weitere Schemata ließen sich bilden, wie »Mutter/menschliche Wärme/Adam/Mittelschicht« (I), »Julia/natürliches Licht/Eva/Unterschicht« (II), »Big Brother/künstliches Licht/Gott/Oberschicht« (III).

Adelson weist auf den Wandel von Winston Smiths körperlichem Zustand hin, worin er ein Abbild von dessen seelischem Zustand erkennt. Wird dem Leser im ersten Teil ein äußerst kränklicher Mensch vorgestellt, der sich durch die Liebesbeziehung zu Julia und durch den Glauben an die *Brotherhood* im zweiten Buchteil beinahe vollständig erholt, folgt im dritten Teil die völlige Zugrunderichtung mittels Folter und Gehirnwäsche und damit die Zerstörung des Individuums.[63] Diese Beobachtung ist wohl auf Winston Smiths Gin-Konsum (I: in Maßen; II: Abstinenz; III: Alkoholiker), als auch auf sein Geschwür am Knöchel (I: vorhanden; II: verschwunden; III: ausgeprägt) zurückzuführen.[64] Hammond meint, darin sogar Orwell selbst wiederzuerkennen, da er aus den ersten beiden Buchteilen deren Abfassung auf den Hebriden, aus der Schilderung des *Room 101* im dritten Teil Orwells Krankenhausaufenthalte herausliest.[65]

Sicherlich sind noch viele weitere Gliederungsversuche denkbar, allen gemeinsam ist jedoch das Setzen des Höhepunkts auf die Lektüre von *The Book*, das dem Leser durch Winston Smith vorgelesen wird. Die Rezeption des Buches mündet in der Erkenntnis der Ausweglosigkeit (»We are the

---

61   Bei Meyer (2001), S. 454, ist die Beobachtung zu finden, dass nur der Protagonist selbst sowie Emmanuel Goldstein, auf den Winston Smith alle Hoffnung legt, mit vollem Namen genannt werden, was eine Identifikation des Lesers sowie eine Verbindung zwischen Romanwelt und Realität erzeugen soll. Von Julia, als scheinbares Glück, erfährt der Leser nur den Vornamen, von O'Brien, der den Staat verkörpert, nur den Nachnamen. Der Ausdruck Big Brother sei hierbei der Endpunkt der Entindividualisierung.

62   Vgl. Otto (1994), S. 45.

63   Vgl. Adelson, S. 116f.

64   Vgl. Otto (1994), S. 50.

65   Vgl. Hammond (1984), S. 174; 177–180.

dead«[66]) und seiner Gefangennahme. Beide Szenen (II/9+10)[67] markieren das Ende des zweiten Teils und leiten in den dritten Teil über. Je nach Schema steht die Buchlektüre also sinnbildlich für den entscheidenden Schritt und Wandel. Alles, was ihm – und dem Leser – mit Fortschreiten der Handlung aufgefallen war, erhält hier jeweils seine Erklärung und wird in einem Gesamtkonstrukt verdichtet. Die erhaltenen Informationen werden im Kontrast zu den bisherigen Beobachtungen, denen er – und der Leser – sich nie ganz sicher gewesen war, in ihrer textgebundenen Form und der Zuschreibung der Zuverlässigkeit an das Medium Buch, gefestigt. Das Buch erfüllt also eine ordnende und rückversichernde Funktion.[68]

Bei Assmann finden sich die Begriffe *ars* und *vis* zur grundsätzlichen Unterscheidung zweier Arbeitsweisen der *memoria*, des Gedenkens. Erstere beruht auf der römischen Mnemotechnik, einer Legende nach Simonides von Keos als Erfinder zugeschrieben, und arbeitet rein visuell. Sie dient dem mechanischen Abspeichern und exakten Wiederabrufen von Information. Wissen wird topologisch organisiert. Als Ort kann, muss aber nicht, ein unterstützender Träger, beispielsweise das Buch, dienen. Die zweite arbeitet dagegen chronologisch und dient der identitätsstiftenden, sinngebenden Erinnerung. Zwischen Abspeicherung und Reaktivierung besteht die Möglichkeit der Umformung. Die Information ist dadurch einem Transformationsprozess unterworfen, der stets von der jeweiligen Gegenwart, dem Standpunkt ausgehend, aktiv in das Wissen eingreift, es reinterpretiert oder gar löscht und daher einer gewissen Energie oder Kraftanstrengung bedarf. Dem Zugriff liegt dabei ein Charakter des Entzogenseins zugrunde, erfolgt teils erzwungen, teils extern angestoßen, teils scheinbar völlig willkürlich. Während die Arbeitsweise als *ars* auf ein Gewährleisten bedacht ist, öffnet jene als *vis* die Möglichkeit auch für falsche, verdrängte oder vergessene Information.[69]

Wie aus dem vorangegangen Kapitel hervorging, finden sich sowohl bei Orwell als auch bei dem Protagonist seines Romans erhebliche Zweifel an der

<hr>

66   Orwell, S. 199.
67   Vgl. ibid., S. 162–202.
68   »The book [...] reassured him. [...] It said what he would have said, if it had been possible to him to set his scattered thoughts in order.« Orwell, S. 180.
69   Vgl. Assmann (1999), S. 27–30.

Realität, wie sie sich ihnen darstellt.[70] Orwell lässt Winston Smith in Ermangelung eines (objektiven) kulturellen Gedächtnisses sich auf eine verzweifelte Suche nach Dingen und Momenten aus der Vergangenheit begeben. Dabei ist, wie sich noch zeigen wird, der erste Teil eher von zeitlichen, der zweite Teil eher von räumlichen Vergangenheitsanhaltspunkten bzw. dem Fehlen von objektiver Vergangenheit geprägt. Im Übergang vom zweiten zum dritten Teil verliert der Protagonist jedoch jegliche zeitliche, dann auch räumliche Orientierung.[71] Als Höhepunkt der Handlung vor diesem dritten Teil steht die Buchlektüre. Im Medium Buch als sowohl topologischem Magazin, als auch chronologischer Spur vereinen sich *ars* und *vis* und gewährleisten die Tradierung des kulturellen Gedächtnisses.[72] *Nineteen Eighty-Four* lässt sich unter der Prämisse der besonderen Bedeutung, die George Orwell einer objektiven Vergangenheit zumaß, sowie der offensichtlich herausgehobenen Rolle des Mediums Buch in der Romanhandlung, also auch nach dem Schema »*vis*« (I), »*ars*« (II) gliedern, die in einer Vereinigung im Medium Buch zusammenlaufen. Der dritte Buchteil zeigt hiernach die Konsequenzen, die sich aus dem Fehlen oder der Manipulation ergeben. Als Begriff könnte »Memorizid«[73] (III) dienen.

3.2 Das Buch als Erinnerungs- und Gedächtnismedium

Assmann/Assmann griffen die Überlegungen des Soziologen Maurice Halbwachs zu einem soziologischen Gedächtnis auf, das sich, im Unterschied zum angeborenen, neuronalen Gedächtnis, erst mittels Symbolen und Traditionen entfaltet, und erweiterten die Theorie mit einer terminologischen Ausdifferenzierung. Die entscheidende Rolle wiesen sie hierbei Medien zu, welche die Reichweite des Gedächtnisses verlängern können. Dem kürzeren, mündlichen, auf etwa drei Generationen beschränkten wiesen sie den Terminus kommunikatives Gedächtnis zu, dem dank der Medien verlängerten dagegen den Terminus kulturelles Gedächtnis. In oralen Kulturen sind vornehmlich der Dichter und die Alten als Träger vorgesehen, die gemeinsame

---

70   »Newspeak, doublethink, the mutability of the past. He felt as though he were wandering in the forests of the sea bottom, lost in a monstrous world where he himself was the monster. He was alone. The past was dead, the future unimaginable«. Orwell, S. 26f. »History has stopped. Nothing exists except an endless present in which the Party is always right.« Ibid., S. 141.

71   Vgl. ibid., S. 201f; 205. Im weiteren Verlauf des dritten Buchteils wird dann immer wieder die räumliche und zeitliche Desorientierung Winston Smiths aufgegriffen.

72   Vgl. Weinrich, Harald: Sprache in Texten. Stuttgart: Klett 1976, S. 291–294.

73   Dieser findet sich in anderem Kontext bei: Ibid.: Lethe. Kunst und Kritik des Vergessens. München: Beck 1997, S. 232.

Identität äußert sich hauptsächlich in Festen und Riten. Schriftkulturen haben dagegen die Möglichkeit der externen Fixierung, was wiederum eine erheblich größere Konservierung von (auch aktuell nicht benötigten) Daten erlaubt. Daher ist hier auch eine weitere Differenzierung in ein vordergründiges, bewohntes Funktionsgedächtnis und ein hintergründiges, unbewohntes Speichergedächtnis notwendig. Während das erste stets erneuernd selektiv und fundierend der Gegenwart Sinn und Identität stiftet, verweilt das zweite geradezu träge, alles aktuell nicht Benötigte auffangend. Das Funktionsgedächtnis entspricht demnach einer tatsächlichen Nutzung einer Information, das Speichergedächtnis entspricht vielmehr einem die Information verwahrenden Archiv.[74]

Zugang zu dem Ort der Speicherung kann eine Manipulation des dort befindlichen Wissens ermöglichen. Eine Kontrolle über den Ort der Speicherung ist also gleichzusetzen mit einer Kontrolle über das Gedächtnis, worin ein enormes Machtpotential liegt. Orwell zeigt in *Nineteen Eighty-Four* die Konsequenzen eines Missbrauchs dieser Kontrolle auf. Den alleinigen Speicherort des kulturellen Gedächtnisses verortet er im *Ministry of Truth*. Dort führt die herrschende Partei gezielte Verfälschungen durch, indem sie eine Anpassung der eingelagerten Informationen betreibt. Diese liquide Zensur erfolgt konsequent und permanent, womit die Statik des Staates abgesichert werden soll.

Die von Assmann/Assmann benannte Hauptaufgabe des Speichergedächtnisses als Korrektiv ist somit nicht gegeben. Jenes soll eigentlich wie ein gewaltiges Sammelbecken alles auffangen und bewahren, was vom Funktionsgedächtnis abfällt bzw. dort nicht aufgenommen wird, und soll dieses gleichzeitig mit Neuem speisen. Für diesen Austausch ist der Grad der Durchlässigkeit entscheidend, der in totalitären Systemen äußerst gering oder gar nicht vorhanden ist, da dort kultureller und letztlich politischer Wandel verhindert werden soll. Für einen möglichst hohen Grad an Durchlässigkeit bedarf das Speichergedächtnis der Unterstützung durch Institutionen, wie beispielsweise Archive und Bibliotheken, die in eine bewusste Distanz getreten sich für Schriftkulturen notwendigerweise vom Funktionsgedächtnis unterscheiden.[75] In *Oceania* soll eine solche Möglichkeit zur Korrektur völlig vermieden, Meinungspluralität zugunsten der Zwangsideologie unterdrückt und jegliche Möglichkeit des Widerstandes verhindert werden.

---

74   Vgl. Assmann/Assmann (1994), S. 114–123; vgl. auch Assmann (1999), S. 134–137.
75   Siehe zu den Aufgaben des Speichergedächtnisses: Ibid, S. 140f.

Diese Ziele können allerdings nur unter der Annahme erfolgreich sein, dass keine unabhängigen Archive bestehen. Aufgrund der potentiellen Trägerschaft des kulturellen Gedächtnisses von Büchern muss zwangsläufig auch von einer Kontrolle oder gar Nichtexistenz von Bibliotheken ausgegangen werden. Bücher dagegen sind offensichtlich vorhanden.[76] Ihnen muss also eine spezielle Aufgabe zugedacht sein.

Auch in anderen Dystopien sind diverse Ausformungen der Zensur und insbesondere im Umgang mit Büchern zu beobachten, wie konditioniertes Verpönen in Huxleys *Brave New World* (1932) oder alltäglich gewordenes Verbrennen in Ray Bradburys *Fahrenheit 451* (1953). Orwells *Nineteen Eighty-Four* stellt in dieser Hinsicht jedoch ein Novum dar, da darin erstmals eine ausdrückliche Zensurausübung in einer (staatlichen) Institution geschildert wurde.[77] Die Autorschaft eines Buches fällt also sozusagen vollständig in die Hände des *Ministry of Truth* und wird dort von *novel-writing machines* ausgeführt.

Auch über das Funktionsgedächtnis übt die herrschende Partei Verfügungsgewalt aus und bedient sich des an die Erinnerung gekoppelten Vergessens. Dies geschieht mittels der Reglementierung des Alltags und des Lebens der Einwohner *Oceanias*. Nur den totalitären Staat tragende Erinnerungen werden zugelassen. Der Alltag wird bis in die letzte Minute damit angefüllt. In regelmäßigen Massenveranstaltungen, wie der *Hate-Week* oder des *Two Minute Hates*, werden die Ängste der Bevölkerung kanalisiert und als Hass hervorgebracht. Im Hass, dessen Vollzug beinahe schon sakrale Züge aufweist,[78] wird die gemeinsame Kultur erneuert bzw. auf einen parteikonformen Nenner gebracht. Hierbei wird ein parteikonformes Massenhirn unter Auslöschung jeglichen Individualismus generiert. Als Zielscheibe dient neben dem Kriegsgegner ein angeblicher Revolutionär mit Namen Emmanuel Goldstein. Während das Zurücktreten des Individuums hinter ein Kollektiv zum »Wohle« des Staates bereits in Platons *Politeia* vorzufinden ist,[79] ist die Funktion des Sündenbocks, wie sie Goldstein ausfüllt, in seinen noch nicht so weit zurückliegenden, fürchterlichen Ausmaßen hierzulande

---

76 Vgl. Orwell, S. 15; 67.

77 Zur Praxis der Vergangenheitsfälschung siehe ibid., S. 36–45. Winston Smith schildert hier einen typischen Arbeitsvorgang im Ministry of Truth. Zur Kulturpolitik in literarischen Dystopien siehe Meyer (2001), S. 75–81.

78 Vgl. Orwell, S. 13–18. Die Schilderung des Two Minutes Hates erinnert an einen Gottesdienst und weckt beim Leser Assoziationen, wie Big Brother/Gott, Goldstein/Teufel, telescreen/Altar. Kirche wird allgemein auch als Ort gelebter Tradition, also Vergangenheit verstanden.

79 Vgl. Schölderle (2011), S. 172.

bekannt. Allein der von Orwell gewählte Name weckt in der Tat die Assoziation mit einem Juden beim Leser. Bezeichnend ist auch, dass diesem vermeintlichen Revolutionär und Anführer der verschwörerischen *Brotherhood* die Autorschaft von dem ominösen *The Book* zugeschrieben wird. Auch die jüdische Religion, als eine der drei großen Buchreligionen, misst der *Tora* fundamentale Bedeutung zu.

Jegliche bedeutende – und für die herrschende Partei potentiell gefährlichen – Erinnerungen anstoßende Dinge werden dagegen dem Alltag entzogen und stattdessen, wenn nicht mit staatstragenden, mit irrelevanten oder gar die Erinnerung tötenden Dingen ersetzt. Von Assmann/Assmanns ausgemachten wesentlichen Aufgaben des Funktionsgedächtnisses bedient sich die herrschende Partei der Legitimation und der Distinktion, die Aufgabe der Delegitimation wird dagegen unterdrückt. Legitimation meint hierbei eine die gegenwärtige Herrschaft sowohl retro- als auch prospektiv stützende Aufgabe, die sich zwar in erzeugtem Geschichtswissen äußert, die sich jedoch der Zensur und Umgewichtung bedient. Damit unterliegt das offizielle Gedächtnis der zeitlichen Beschränkung in Form der Machtdauer und erzeugt normalerweise auch ein inoffizielles Gegengedächtnis, welches angewachsen dann die Aufgaben der Delegitimation der gegenwärtigen Herrschaft übernehmen sollte, was im Falle *Oceanias* jedoch eben verhindert wird. Distinktion meint, neben diesen beiden höchst politischen Aufgaben, dagegen eine zuallererst einmal kulturelle Aufgabe, die beispielsweise mittels Traditionen, Riten und Festen eine kollektive Identität stiften und festigen und somit ein Gemeinschaftsgefühl erzeugen soll, was wiederum im Falle des totalitären *Oceanias* zu einer rein politischen Aufgabe verkommt.[80]

Hierzu bedient sich die Partei hinsichtlich der Mittelschicht in bedeutendem Maße des Mediums *telescreen* in einer Dreifachfunktion. Elementar ist hierbei die Tatsache, dass es sich nicht abschalten lässt. So werden die Bürger *Oceanias* unaufhörlich entweder mit Propaganda konfrontiert oder in einer Art Dauerberieselung mit Unnützem am eigenen Gedankenfluss gehindert. Als dritte Funktion beinhaltet das Medium zusätzlich die Fähigkeit der audiovisuellen Überwachung. Heutige Assoziationen mit einem Smart-TV führen jedoch in die Irre, da Orwells Inspiration wohl eher das Radio gewesen ist.[81] Er selbst vertrat eine zwiespältige Einstellung zu diesem Medium – er arbeitete zwei Jahre bei der BBC –, da er sowohl das Potential, aber auch

---

80   Siehe zu den Aufgaben des Funktionsgedächtnisses Assmann/Assmann (1994), S. 138f.
81   Vgl. Meyer (2001), S. 446.

den verantwortungslosen Umgang damit erkannte.[82] Im Roman ist der *telescreen* Sinnbild der totalen Kontrolle über den Alltag der Mittelschicht. Die Kontrolle und Gestaltung des Funktionsgedächtnisses ist dabei so total, dass jegliche Zweifel beseitigt werden. Sollten diese doch auftauchen, werden sie mit *Victory-Gin* ertränkt, der über den gesamten Tag wie Wasser konsumiert wird.[83]

Der Unterschicht dagegen werden zahlreiche Ablenkungen zur Verfügung gestellt. Auf eine ausgefeilte Kontrolle, wie sie bei der Mittelschicht erfolgt, wird verzichtet, da man in der bildungsarmen Bevölkerung keine Gefahr sieht. Unter den Mitteln der Ablenkung befindet sich auch das sogenannte *prolefeed*, worunter die maschinelle Serienproduktion von »Schundmagazinen« zu verstehen ist. Das Level des Reflexionsvermögens wird mittels dieser Heftchen, sowie einem Leben am Existenzminimum, der Unterhaltung durch Sportereignisse und Pornographie, Alkohol und Glücksspiel auf einem Minimum gehalten, also frei nach dem Motto: *panem et circenses*.[84]

Das Funktionsgedächtnis verkommt also zum Alltagsgedächtnis, ist geradezu zu einem Tagesgedächtnis zusammengeschrumpft: »Was it possible that they could swallow that, after only twenty-four hours? Yes, they swallowed it«,[85] wundert sich beispielsweise Winston Smith, nachdem kurzerhand über den *telescreen* eine völlig gegenteilige Aussage als tags zuvor verkündet wurde. Da er zahlreiche solcher Widersprüche bemerkt und nicht ignorieren kann, fühlt er sich zunehmend unwohl. Gleichzeitig ist ihm sehr wohl bewusst – er als »Archivar« sorgt schließlich selbst dafür – dass er keinerlei dokumentarischen Nachweis dafür hat.[86] Wie bereits erwähnt, existiert ein unabhängiges Speichergedächtnis im Sinne einer Sammel- und Aufbewahrungsstelle nicht. Die Archivierung im *Ministry of Truth* dient allein der Manipulation und Zensur. Aus Mangel an materiellen Zeugnissen sucht er im Verlauf der Handlung schließlich auch bei den *Proles* orale Beweise. Seine erste Anlaufstelle dort stellt ein alter Mann in einer Kneipe dar, der, so hofft Winston Smith, noch Erinnerungen an eine frühere Zeit vor der Herrschaft der Partei haben müsse. Alte Menschen der Mittelschicht hingegen wurden als potentielle Träger eines kulturellen Gedächtnisses von der Partei *vapori-*

---

82   Vgl. Zeißler (2008), S. 34f. Zum telescreen siehe bspw. Orwell, S. 5–8; 24; 26; 58; 71; 205; 261–267.

83   Zum victory-gin siehe bspw. ibid., S. 8; 19; 32; 45; 70; 265–267.

84   Vgl. ibid., S. 41; 78. Zu der Einschätzung der Unterschicht, siehe auch ibid., S. 189f.

85   Ibid., S. 55.

86   Vgl. ibid., S. 33; 35; 55f.; 69; 73f.; 140f. Siehe auch für die Beschreibung der memory holes und für Winston Smiths Arbeitsalltag in I/4, wo der Vorgang der Vergangenheitsfälschung erläutert wird ibid., S. 36–45.

zed, also »entfernt«.[87] Seine Hoffnung ist jedoch vergebens, da die Erinnerungen des alten Mannes in Ermangelung an gedächtnisstützenden Dingen, wie Traditionen, aber auch Büchern, im Chaos versunken sind.[88]

Wie bereits angedeutet, überrascht es, dass hinsichtlich der Restriktion und Kontrolle des Speicher- und des Funktionsgedächtnisses die herrschende Partei – zumindest vorerst – nicht auf das Medium Buch als doch außerordentlichen Träger beider Gedächtnisweisen verzichten mag. Zumal jenes Medium in seiner dauerhaft fixierenden Beschaffenheit in der Lage zu sein scheint, sich der totalitären Aktualisierung zu entziehen. Diesem muss also zwangsläufig eine staatstragende Rolle zugedacht sein, die im Roman folgendermaßen benannt wird: »The invention of print, however, made it easier to manipulate public opinion«.[89] Im Folgenden soll diese spezielle Anwendung des Mediums Buch, die über die reine Manipulation des Objekts hinausreicht, anhand Winston Smiths Vergangenheitsexpedition verdeutlicht werden.

Einzig (vermeintlich) der zuverlässigen Kontrolle des Staates entzogen, soll zuvor jedoch noch kurz der Traum erwähnt sein. Winston Smith erfährt während seiner Gefangenschaft, dass der eigentlich völlig parteikonforme Parsons, aufgrund von verräterischen Worten, die er im Schlaf äußerte, verhaftet wurde.[90] Auch Winston Smith hat diverse Träume, die sich in drei Typen gliedern. So träumt er zum einen immer wieder von seiner Kindheit und seiner Mutter, zum anderen hat er warnende Vorahnungen hinsichtlich seines Schicksals und zu guter Letzt träumt er von einer paradiesischen Landschaft.[91] Lässt sich letztere mit Julia und seiner Gegenwart identifizieren, so sind die anderen beiden den Zeitebenen Gegenwart und Zukunft zuzuordnen. Selbst in seiner Traumwelt wird er also von einer verzweifelten Suche nach Halt und Orientierung, die ihm durch das manipulierte kulturelle Gedächtnis nicht gegeben sind, heimgesucht. Bezeichnend ist, dass er aus dem Vergangenheitstraum mit dem Wort »Shakespeare« auf den Lippen erwacht.[92]

87   So bspw. Julias Großvater, siehe ibid., S. 133.
88   Vgl. ibid., S. 79–84.
89   Ibid., S. 185.
90   Vgl. ibid., S. 211f.
91   Vgl. Otto (1994), S. 39.
92   Vgl. Orwell, S. 31. Siehe für andere Träume oder Versuche, sich daran zu erinnern ibid., S. 25; 29–31; 94; 113; 131f.; 145–151; 217–221; 253; 256f.

3.3 Das Buch als Machtmedium

Die Ausübung von Kontrolle über das Funktionsgedächtnis ist für die herrschende Partei ungleich schwieriger durchzuführen, als über das Speichergedächtnis. Daher muss zwangsläufig mit Personen gerechnet werden, die der totalen Manipulation entgehen oder zumindest versuchen, sich ihr zu entziehen. Hierfür werden aufwändigste Täuschungsmanöver angelegt, wie Winston Smiths Fall zeigt, in dem Lockmittel ausgelegt werden. Gerade dem Medium Buch fällt dabei eine herausragende Rolle zu. Winston Smith kann hierbei durchaus als Modell für jeden beliebigen Bewohner *Oceanias* – wie auch jeglichen Leser – verstanden werden. Smith ist der häufigste englische Nachname. Für seinen Vornamen steht Winston Churchill Pate, der Orwells Zeitgenossen als die Verkörperung guter, alter Werte galt.[93] Mit fortschreitender Handlung zeigt sich wie der Leser, der wie Winston Smith neugierig auf den Inhalt von *The Book* ist, mit jenem zusammen in die Falle tappt. Hierzu sollen ausgewählte Etappen von Winstons Vergangenheitsexpedition nachgezeichnet werden, die ihn und den Leser zu ihrem ins Verderben führenden Ziel geleiten.

Als erstes ist das Tagebuch zu nennen. Literarische Tätigkeiten sind als »Ausdruck eines kritischen Individualismus«[94] verboten, daher stellt sein Kauf vor sieben Jahren ein erstes relevantes Aufgebähren dar.[95] Grund dürfte das aktive Abrufen von Erinnerungen sein, was gleichbedeutend mit einem Zugriff auf eine selbstgeformte und daher nicht staatlich kontrollierte Vergangenheit ist. Für Winston Smith erfüllt das Schreiben die stark benötigte Funktion der Selbstvergewisserung und stellt gleichzeitig, aus Ermangelung an privaten Kontakten, einen Dialogersatz dar.[96] Er erkennt dabei sehr richtig als Adressaten die Nachwelt und damit die Bedeutung und Nichtgegebenheit zuverlässiger schriftlicher (Buch-)Zeugnisse.[97] Zwei weitere interessante Aspekte werden im ersten Kapitel genannt. Erstens das Fehlen jeglicher unabhängiger Legislative und eine daraus resultierende Rechtsunsicherheit,[98] was ein Fehlen eines öffentlichen, allgemeingültigen Gesetzbuches impliziert. Zweitens sind das Schreiben selbst sowie der alte Stift, den er

---

93 Vgl. Zeißler (2008), S. 50.
94 Meyer (2001), S. 448.
95 Vgl. Orwell, S. 20; 221. Hier ist auch der Vorgang des Verschwindens erläutert (»vaporized«).
96 Vgl. Meyer (2001), S. 457.
97 Vgl. Orwell, S. 10; 28.
98 Vgl. ibid., S. 20.

benutzt, für ihn völlig ungewohnt. Die Maschine *speakwrite* hat das manuelle Schreiben größtenteils abgelöst.[99]

Vor allem beachtenswert an der ersten Szene des Tagebuchschreibens ist jedoch die Stelle in seiner Wohnung, an der dies geschieht. Winston Smith zieht sich mit seinem Diarium in eine Nische zurück, die nicht vom *telescreen* beobachtet werden kann, sich also vermeintlich der Kontrolle des Staates entzieht. Er vermutet, dass sie einst für ein Buchregal gedacht gewesen war.[100] Dort versucht er seine Erinnerungen zu erzwingen. Gleich zu Beginn des ersten Eintrages stößt er jedoch auf das Problem der Unsicherheit hinsichtlich der korrekten Jahreszahl,[101] worin sein Gefühl der nicht vorhandenen Kontinuität besonders zum Ausdruck kommt. Abseits der staatlich organisierten Zwangserinnerungen verlangt er nach einem authentischen Bezug zu einer möglichst objektiven Vergangenheit.

Das Thema des tagebuchschreibenden Protagonisten des ersten Kapitels bestimmt den restlichen ersten Buchteil. Der Leser lernt nach und nach diverse Bereiche des dystopischen Staates über Winston Smiths Sichtweise kennen, der hierbei immer wieder zu seinem Tagebuch zurückkehrt. Im letzten Kapitel des ersten Teils fasst er dann, wie bereits erwähnt, den Entschluss in das Viertel der *Proles* zu gehen, um dort nach Anhaltspunkten für eine objektive Vergangenheit zu suchen. Eine erste Hoffnung in Form eines alten Mannes in einer Kneipe erweist sich als Trugschluss. Dann zieht ihn allerdings ein Antiquitätenladen instinktiv an. Der Geschäftsinhaber Mr. Charrington verkauft ihm einen alten Briefbeschwerer,[102] der eine Metapher für eine Utopie innerhalb der Dystopie darstellt. Er reizt nochmals verstärkt in Winston Smith das Bedürfnis nach einer entzogenen, objektiven Vergangenheit. Angestoßen durch dieses Objekt aus einer vergangenen Zeit erschafft er sich – mit Julia zusammen – immer wieder Fluchtorte aus seinem Dasein, die einer Art Rettungsleinen zur vermeintlichen Realität gleichkommen, wie es der Briefbeschwerer mit seinem faszinierenden Kern symbolisiert.[103] Bei ihrer späteren Verhaftung werden das Objekt und damit alle geschaffenen Utopien jedoch zerschmettert. Sie zerbrechen an der dystopischen Realität.[104]

---

99 Vgl. ibid., S. 10; 36.

100 Vgl. ibid., S. 9.

101 Vgl. ibid., S. 10; 33.

102 Vgl. ibid., S. 85–87.

103 Vgl. ibid., S. 132–134. Andere Fluchtorte sind bspw. ein Ausflug in die Natur (II/2), ein Kirchturm (II/3), ein gemietetes Zimmer (II/4).

104 Vgl. ibid., S. 201.

Erfüllten im ersten Buchteil (*vis*) die Nische und das Tagebuchschreiben darin für Winston Smith die Funktion des Rückzugs, so löst diese im zweiten Buchteil (*ars*) ein Zimmer ab, welches sich oberhalb des vermeintlichen Antiquitätenladens befindet. Winston Smith ist sofort fasziniert von diesem Raum und mietet ihn später vordergründig für seine Treffen mit Julia. Tatsächlich sind es jene alten Dinge, wie schon der Stift oder dann der Briefbeschwerer, die ihn anziehen. Im Zimmer befindet sich sogar eine alte Uhr mit einem Zwölf-Stunden-Ziffernblatt,[105] woran die künstlich geschaffene Zeitebene außerhalb der dystopischen Welt nochmals verdeutlicht wird. Insbesondere fällt jedoch auf, dass es auch hier eine Buchregal-Nische gibt, in der nun sogar tatsächlich ein Regal vorzufinden ist. Winston Smiths Interesse ist auch sogleich geweckt, doch erkennt er, dass die Bücher darin alle aus dem *Ministry of Truth* stammen.[106] Er kehrt in diesem zweiten Buchteil mehrfach in dieses Zimmer zurück und trägt letztlich sogar das endlich erhaltene *The Book* zur Lektüre dorthin. Doch wie sein neugewonnenes Refugium, so erweisen sich, wie ihm – und dem Leser – im dritten Buchteil (*Memorizid*) erst bewusst wird, alle bisherigen Objekte und Räume als von der herrschenden Partei, insbesondere in Person von O'Brien, ausgelegte Fallen.

Wie Vergil Dante in dessen *Divina Commedia* führt O'Brien Winston Smith auf dessen Erinnerungsreise durch *Inferno* (I+II) und *Purgatorio* (III). Am Ende des Romans wartet ein *Paradiso* in Form des *Chestnut Tree Cafès*, eines *telescreens*, reichlich Gin und der Liebe zu Big Brother.[107] Alle vermeintlichen Gegenstände und Orte der Vergangenheit haben sich als fingiert erwiesen. Seit dem Kauf des Tagebuchs vor sieben Jahren – offensichtlich ein gezielt ausgelegter erster Köder – dienten jegliche folgenden Objekte und Orte ausschließlich der Entlarvung Winston Smiths als Abweichler. Dessen größte Angst, eine Ratte, stellt hierbei eine Metapher für ihn selbst dar.[108] Jedoch nicht nur im Sinne des Verrats, den er begeht, sondern auch tatsächlich als Ratte, die erfolgreich geködert wurde und angebissen hat.

Neben *The Book* als letztlich entscheidendes Lockmittel, wie noch zu sehen ist, bedient sich die herrschende Partei auch eines Reimes, der an mehreren Stellen des Romans aufgegriffen wird. Spätestens hier zeigt sich dem Leser dann auch, dass Winston Smith gerne ästhetischen Dingen verfällt, wie

---

105 Vgl. ibid., 124f.
106 Vgl. ibid., S. 87f.
107 Vgl. ibid., S. 265–269.
108 Vgl. ibid., S. 131; 256–259.

zuvor bereits dem Tagebuch mit seinem »smooth creamy paper«,[109] dem seltenen Tintenfüller, dem Briefbeschwerer oder dem Singen einer wäscheaufhängenden Frau. Der Reim ist hierbei eine Parodie Orwells auf Longfellows Gedicht *The Village Blacksmith* (1883).[110] Winston Smiths Neugier auf die Vollendung des Reims, von dem er nach und nach Zeile um Zeile erhält, verrät seinen Wunsch nach Kontinuität. Diese Verse erhält er von Julia, O'Brien und Mr. Charrington, also Personen, die ihn enttarnen möchten oder die selbst enttarnt werden sollen.[111]

Die geschilderte Manipulation des kulturellen Gedächtnisses erscheint langfristig jedoch als sehr aufwendig. Ziel *Oceanias* muss es also sein, zu verhindern, dass ein solches überhaupt erst entstehen kann. Da Medien die Grundlage hierzu sind, kann also davon ausgegangen werden, dass auf lange Sicht eine Rückkehr in eine orale Gesellschaft angedacht ist, da das dann alleinige kommunikative Gedächtnis mit deutlich geringerem Aufwand kontrolliert werden kann. Hierzu lohnt sich wiederum ein theoretischer Blick auf Assmann/Assmanns Ausführungen zu den verschiedenen Zuständen und Möglichkeiten des Wissens.

Eine orale Gesellschaft zeichnet sich durch Elastizität der Kultur aus, der Reflexionsgrad ist dabei äußerst gering. Wissen ist an seinen Träger gebunden und mit allen Sinnen erfahrbar. Der gemeinschaftliche Raum eröffnet sich in Riten und ist an die unmittelbare Partizipation des Einzelnen gebunden. Vergangenheit wird absolut gesetzt. In literalen Gesellschaften öffnet sich das Wissen durch Abspaltung vom Träger für Reflexion und Interpretation, verengt sich jedoch auf eine visuelle Erfahrbarkeit. Ein Geschichtsbewusstsein bildet sich heraus, das kulturelle Gedächtnis spaltet sich in Funktions- und Speichergedächtnis, welches jedoch nur wenigen (in erster Linie in Klöstern) zugänglich ist. Das in Schrift fixierte Wissen bedarf keiner Referenz. Erst mit dem Druck findet eine zunehmende Bezugnahme auf einen Autor statt, das Wissen bildet sich in einem abstrakteren, standardisierten Text ab, die höhere Verfügbarkeit führt zu einem Wandel der Rezeption von der gemeinschaftlichen zur einsamen Aufnahme. Der Zugang zum Speichergedächtnis weitet sich. Mit Eintritt in ein elektronisches Zeitalter einer Gesellschaft öffnen sich Reichweite und Quantität der Wissensträger nochmals gewaltig, Schriftmedien werden dabei von audiovisuellen Medien in ihrer Dominanz abgelöst

---

109 Ibid., S. 9.
110 Meyer (2001), S. 448.
111 Vgl. Orwell, S. 89f.; 133; 137; 161.

und verlieren ihren fixierenden zugunsten eines dynamischen Charakters.[112] Orwell blickte zu seinen Lebzeiten auf jenen letzten Übergang und extrapolierte die erkannten Tendenzen, nicht nur eines Verkommens der Sprache, sondern auch einer Abkehr vom Buch und einer über »flüssigere« Sprache leichter zu beeinflussende Gesellschaft. Seine Schlussfolgerungen bildet der Appendix von *Nineteen Eighty-Four*, in dem der die Prinzipien einer staatlich erzwungenen Sprachwandlung, *Newspeak*, erläutert.[113]

Mahler nennt als Ziel von »*Newspeak* die gedankeninschachnehmende Diskurskontrolle und Beherrschung allen politischen Denkens und Argumentierens; [… also] Verknappung der […] politisch sprechenden Subjekte […]; Reduktion der kursierenden Semantik […]; Ritualisierung der Rede.«[114] Nach Rückkehr in eine orale Gesellschaft ist es dank jener radikalen Sprachvereinfachung und der damit verbundenen Verkürzung der Gedanken für die herrschende Partei leicht, eine Wirklichkeitskontrolle auszuüben, da die Bevölkerung zu einer abweichenden Realitätserfassung und damit zum Dissens schlicht nicht mehr imstande ist. Ein interessanter Nebenaspekt ist hierbei auch, dass für die Finalversion der neuen Sprache kein Wort für *science* vorgesehen ist.[115] Dies deutet auf die totalitären Gesellschaften typische Einschränkung der Wissenschaften zugunsten eines Spezialistentums hin, vornehmlich mit Expertise in zur Machtausübung nützlichen Bereichen und zum Leidwesen einer Allgemeinbildung und der »schönen« Wissenschaften. Hierbei bezog sich Orwell sicherlich auf James Burnhams Buch *The managerial revolution: What is happening in the world* (1941), mit dem er sich ausgiebig auseinandersetzte. Darin entwickelt Burnham die Theorie eines Zeitalters des Expertentums und der Manager.[116]

Unter diesem Aspekt ist jedoch auffällig, dass Orwell im Charakter des O'Brien Züge zahlreicher Fachdisziplinen angelegt hat. So entsteht dem Leser das Bild eines Psychotherapeuten, eines Arztes, eines Priesters, eines Philosophen, eines Lehrers etc.[117] Er ist es dann auch, der *The Book* maßgeblich geschrieben hat. Er ist damit – indirekt über Goldsteins Buch – der einzige,

---

112 Vgl. Assmann/Assmann (1994), S. 130–140.

113 Orwell, S. 270–281. Siehe zu Newspeak auch ibid., S. 48; 50; 190f.

114 Mahler, Andreas: Diskursdystopien. Ein theoretischer Versuch. In: Utopie und Dystopie in den neuen englischen Literaturen (Anglistische Forschungen 304). Hrsg. von Ralph Pordzik und Hans Ulrich Seeber. Heidelberg: Universitätsverlag C. Winter 2002, S. 22–45, hier S. 32.

115 Vgl. Orwell, S. 174.

116 Vgl. Meyer (2001), S. 8of.; 442f.

117 Beachte hierzu insbesondere die Schilderung O'Briens während Winston Smiths Folter und im Room 101. Orwell, S. 217–236; 255–259.

der Winston Smiths leitmotivische Frage nach dem Wie und dem Warum beantworten kann.[118] In ihm findet sich also geradezu eine geballte Konzentration an Wissen und damit an Macht. Er hält gleichzeitig jegliche Verfügungsgewalt über Goldsteins Buch, ist also nicht nur Produzent sondern auch Distribuent. Die Szene, in der Winston Smith und Julia ihn zuhause aufsuchen, erinnert dabei an einen Bibliotheksbesuch. O'Brien erwartet sie an einem Tisch, auf dem eine Lampe mit grünem Lampenschirm steht und stapelweise Papier liegt. Der *telescreen* wird abgestellt, um für Ungestörtheit zu sorgen. Am Ende des Besuchs wird Winston Smith *The Book* in Aussicht gestellt, das er für eine Zeitspanne von vierzehn Tagen behalten darf.[119]

»Wie schlecht würde es also um das menschliche Wissen stehn [sic], wenn Schrift und Druck nicht wären! Daher sind die Bibliotheken allein das sichere und bleibende Gedächtnis des menschlichen Geschlechts«,[120] lautet ein berühmter Satz Schopenhauers. Bibliotheken übernehmen dabei »die Funktion mächtiger Multiplikatoren«,[121] indem sie einen möglichst breiten Zugang zu den einzelnen, in ihr verwahrten Büchern anbieten. In *Nineteen Eighty-Four* ist dies gerade ins Gegenteil verkehrt. *The Book*, wie schon seine singuläre Betitelung aussagt, als vermeintliche Quelle des Wissens ist rar. Seine Funktion ist die des Lockmittels per excellence. In einer ersten Stufe erhält es eine äußerst schwierige Zugänglichkeit, in einer zweiten Stufe enttarnt es diejenigen, die dennoch nach ihm verlangen.

Im Gegensatz zur durch O'Brien verkörperten Oberschicht befinden sich in der Mittelschicht – der eigentlichen Schicht des klassischen Buchlesers – dagegen nur Spezialisten, wie Winston Smith selbst (»Historiker«), Julia (technische Buchproduktion) oder ihr Arbeitskollege Syme, der als »Philologe« völlig in seiner Arbeit an der Finalversion von *Newspeak* aufgeht.[122] Ihr Bildungslevel wird bewusst auf einem nur zur Ausführung ihrer staatstragenden Aufgaben befähigendem Stand gehalten, um die Funktionsweise des Staates nicht zu durchschauen. Augenfällig nimmt der Intellekt von der Oberschicht bis letztlich zu den Proles ab, oder wie eine der

---

118 Vgl. ibid., S. 73; 195; 236–238.
119 Vgl. ibid., S. 151–162.
120 Schopenhauer, Arthur: Parerga und Paralipomena. Kleine philosophische Schriften 2. In: Ders.: Sämtliche Werke. Bd. 5 (Suhrkamp-Taschenbuch Wissenschaft 665). Hrsg. und textkrit. bearb. von Wolfgang Frhr. von Löhneysen. Frankfurt a. M.: Suhrkamp 1986, § 254.
121 Stopka, Katja: »Bibliothek«. In: Das BuchMarktBuch. Der Literaturbetrieb in Grundbegriffen. Hrsg. von Erhard Schütz. Hamburg: Rowohlt 2005, S. 53–58, hier S. 55.
122 Vgl. Orwell, S. 47–50.

drei Parteiparolen lautet: »IGNORANCE IS STRENGTH«.[123] Kann der Staat die Unterschicht also ganz ihrem Vergnügen überlassen, muss er aufgrund einer potentiellen, aber bis zur Newspeak-Einführung nicht vermeidbaren Revolutionsgefahr aus der Mittelschicht jene äußerst aufwendig kontrollieren, wobei dem Medium Buch als entscheidendem Lockmittel bis dahin eine gewichtige Rolle zuteil wird.

Die Folgen der Restriktion des kulturellen Gedächtnisses, wie es in Oceania der Fall ist, sind Identitätsverlust und das damit einhergehende Fehlen der Möglichkeit einer Urteilsbildung sowie auch das Nichtvorhandensein traditioneller Werte wie Freiheit, Liebe oder Humanität. In Winston Smiths Suche nach Objekten und Informationen aus der Vergangenheit wird dies deutlich. Aber auch an seiner Fixierung auf Gesichter als Ausdruck von (Rest-)Individualität.[124] Auf seine Frage nach der Zukunft der Menschheit antwortet ihm O'Brien: »[…] imagine a boot stamping on a human face – for ever.«[125] Das reine Vorhandensein von Büchern zur Stützung des kulturellen Gedächtnisses reicht dabei nicht aus, um dies zu verhindern. Im Gegenteil bedient sich die herrschende Partei des Mediums zur Ausübung der Macht. Entscheidend sind also neben seiner Existenz auch seine Unabhängigkeit von einer allzu hohen Konzentrierung in einer einzigen Institution/(Markt-)Macht, sowie die Kenntnis positiver Zuschreibungen an das Medium Buch. Bei Julia sind diese Konnotationen offensichtlich nicht mehr vorhanden, obwohl sie im weitesten Sinne in der Buchbranche tätig ist. Sie gehört einer jüngeren Generation als Winston Smith an, der sich zumindest noch dunkel an die einst positiven Funktionen eines Buches erinnert.

»Orwell [will] mit seiner Schreckensvision […] im Leser Energien freisetzen, die sich gegen eine solche Entwicklung wenden. Es ist eine Warnutopie«.[126] Seeber nennt Orwells Vorgehen sogar eine »Schocktherapie«.[127] Diesen Aussagen kann, gerade mit Blick auf das Medium Buch wie es sich in *Nineteen Eighty Four* darstellt, nur zugestimmt werden.

---

123 Ibid., S. 7. Wohl eine Parodie auf Bacons berühmten Satz: Wissen ist Macht.
124 Vgl. Chrostek (2011), S. 83f. Siehe bspw. Orwell, S. 32.
125 Ibid., S. 242.
126 Waschkuhn, Arno: Politische Utopien. Ein politiktheoretischer Überblick von der Antike bis heute (Lehr- und Handbücher der Politikwissenschaft). München u.a.: Oldenbourg 2003, S. 177.
127 Seeber (2003), S. 228.

4 SEISMOGRAPH DYSTOPIE

Dystopische Grundzüge lassen sich bereits in den allerersten heute noch bekannten Mythen nachweisen, man denke beispielsweise an die über den gesamten Erdball verstreuten Sintflut-Erzählungen.[128] Ebenso finden sich auch nach Orwell weitere literarische Dystopien. Sie sind nicht auf jenes Zeitalter der großen weltpolitischen Umwälzungen zwischen 1890 und 1950 oder sogar nur auf die drei sogenannten klassischen dystopischen Romane beschränkt.

Die eingangs beschriebenen, weiterhin lebhaft geführten Differenzierungen innerhalb des Genres sollten aufzeigen, dass es sich keineswegs um eine tote Literaturform handelt, wie vielerorts zur weltpolitischen Zäsur 1990 für die Gattung Utopie proklamiert,[129] oder um ein zumindest vollkommen unpopuläres Genre,[130] sondern vielmehr um eine sich momentan vielleicht mehr denn je entwickelnde und verzweigende Reaktion auf Krisen, Gefahren und Tendenzen. Darin ist die Hauptfunktion der Dystopie zu sehen, was ihr sowohl einen sensorischen Charakter bezüglich der Gegenwart als auch einen appellartigen hinsichtlich der Zukunft verleiht.

In gewisser Weise lässt sich der Zustand der Welt anhand einer Waagschale messen, die zugunsten der Utopie- oder der Dystopie-Produktion kippt. Utopie-Zeit herrschte vornehmlich während der Renaissance, der Aufklärung, der technikoptimistischen Ära des 19. Jahrhunderts und teils in den 1970er-Jahren. Dystopien fanden ihre Nahrung dagegen in den histori-

---

128 Vgl. Zeißler (2008), S. 33.

129 Siehe hierzu bspw. Fest, Joachim: Der zerstörte Traum. Vom Ende des utopischen Zeitalters. Berlin: Siedler 1991.

130 Vgl. Pordzik, Ralph: Utopischer und post-utopischer Diskurs in den neuen englischsprachigen Literaturen. In: Utopie und Dystopie in den neuen englischen Literaturen (Anglistische Forschungen 304). Hrsg. von Ralph Pordzik und Hans Ulrich Seeber. Heidelberg: C. Winter 2002, S. 9–26, hier S. 9: »Es lässt sich nicht bestreiten, die Utopie ist unpopulärer denn je […].«

schen Katastrophen und Umwälzungen des 20. Jahrhunderts, wie den beiden Weltkriegen, der Weltwirtschaftskrise, dem Niedergang des britischen Empire oder dem Aufziehen des Kalten Krieges und Atomzeitalters.[131] Auch die Epoche nach Orwell von etwa 1950 bis 1990 brachte literarische Dystopien hervor.

Es lassen sich hierbei fünf Etappen beobachten, grob in die fünf Jahrzehnte eingeteilt, zu welchen jeweils exemplarisch Werke genannt werden. Die 1950er- und 1960er-Jahre hielten größtenteils die Traditionslinie zu den drei Klassikern aufrecht. Neben der Präsenz des Kalten Krieges (Evelyn Waugh: *Love Among the Ruins*, 1953; Constantine Gibbons: *When the Kissing Had to Stop*, 1960) nahmen sie sich auch technischen und wissenschaftlichen Entwicklungen an (B. F. Skinner: *Walden Two*, 1948; David Karps: *One*, 1954; Anthony Burgess: *A Clockwork Orange*, 1962). Dabei beschränkten sich die Dystopien immer stärker auf ein konkretes Merkmal, statt einen detaillierten Staat zu schildern. Zeitgleich näherten sich die Genres Dystopie und Science Fiction immer weiter an.[132] Mit dem Feminismus, der Ökologie- und Friedensbewegung im Hintergrund belebten die 1970er-Jahren die Utopie wieder, die in Symbiose mit der Dystopie auch hier eine Trennlinie zunehmend verschwimmen und den ursprünglich didaktischen Anspruch stärker zurücktreten ließen (Anna Kavan: *Ice*, 1967; Angela Carter: *The Passion of New Eve*, 1977). Selbst die Grundthematik des Individuums, das gegen das Kollektiv aufbegehrt, wurde verdreht (Michael Frayn: *A Very Private Life*, 1968). Erst in den 1980er-Jahren unter dem Einfluss des erneuten Aufflammens des Kalten Krieges übte die Dystopie wieder am Totalitarismus Kritik (Kingsley Amis: *Russian Hide and Seek*, 1980; Sam Baneham: *The Cloud of Desolation*, 1982). Hier besonders beachtenswert ist Anthony Burgess' *1985* (1978), in welchem die Möglichkeit von Orwells Extrapolationen auch für eine Demokratie aufzeigt werden. In der Postmoderne, dem vermeintlichen Ende der Geschichte, ist dann ein Anstieg der Dystopie-Produktion, aber auch ein weiteres Abrutschen der Dystopie ins Surreale und Phantastische zu verzeichnen. Behandelte Themen sind neben Wissenschaft und Technik (Margaret Atwood: *Oryx and Crake*, 2003) beispielsweise auch Postkoloni-

---

131 Vgl. Zeißler (2008), S. 18–23.

132 Meyer (2003), S. 111, sieht in deren fehlendem Realitätsbezug die hauptsächliche Unterscheidung zur »trivialeren Gattung Science-Fiction«. Es bliebe also die Frage, ob die Dystopie trivialer oder die Science-Fiction realitätsnäher wurde.

alismus (Albert Wendt: *Black Rainbow*, 1992) und Ökofeminismus (Eilís Ní Dhuibhne: *The Bray House*, 1990).[133]

Zeißler betont ausdrücklich die Aktualität der literarischen Gattung Utopie in Form der Dystopie auch für das 21. Jahrhundert, dass es ein Genre sei, das »einen optimalen Rahmen für die Reflektion und Beurteilung gesamtgesellschaftlicher Themen bietet, vor allem der gegenwärtigen politischen, sozialen und kulturellen Entwicklungen, aber auch der Denkstrukturen, die diesen zugrunde liegen«.[134] Geradezu von einer Hochkonjunktur der literarischen Dystopie geht die Zeitschrift *kjl&m* (Kinder-/Jugendliteratur und Medien in Forschung, Schule und Bibliothek) in ihrer dritten Ausgabe des Jahres 2012 aus.[135] Besonderes Augenmerk muss hier dem offensichtlich neuen Zielpublikum jenes »düsteren« Genres gewidmet werden: Kinder und Jugendliche. Auch wenn hier ganz den Gegebenheiten des Bestseller-Marktes folgend bisweilen eine (absichtlich) falsche Etikettierung mit dem Begriff Dystopie erfolge, so sei dennoch definitiv von einem Trend auszugehen. So fänden sich zahlreiche echte Dystopien oder zumindest Romane, die deren Motivik aufgriffen, und die wiederum in regressive und progressive Dystopien differenzierbar wären.[136] Gründe der Autoren für das Schreiben oder für den Erfolg der Bücher seien dabei schwer zu benennen, lägen aber möglicherweise auf Seiten der Leserschaft an einer Neigung zu hohem Erzähltempo oder einer generellen Zukunftsneugier angesichts der beschleunigten Technikentwicklung.[137]

Gerade ein etwas weiter gefasster Blick auf letztgenannten Punkt, offenbart eventuell den Hauptgrund. Dass sich Welt und Gesellschaft in den letzten Jahren stark verändert haben und immer noch verändern, führte zur Rede über ein neues Zeitalter, das gerne an moderner Technik und neuen Medien festgemacht wird. Dabei identifiziert man zwangsläufig ältere Techniken und Medien mit der (scheinbar) abgelösten Epoche. Das Buch in seiner traditionellen Form wird hierbei der »überwundenen« Ära zugeordnet.

133 Siehe hierzu ausführlich, gerade für die Zeit nach 1990: Zeißler (2008), S. 56–185.

134 Ibid., S. 225.

135 kjl&m. Forschung, Schule, Bibliothek (Kein Ort. Niemals? Endzeitstimmung und Dystopie als Themen der Kinder- und Jugendliteratur) 3. Hrsg. von Ricarda Dreier, 2012.

136 Neue Medien, Umweltzerstörung und Pandemiegefahr als die drei Hauptthematiken sowie dazu zahlreiche Beispiele nennt: Nüman, Maik: Aktuelle dystopische Jugendliteratur. In: Kein Ort. Niemals? Endzeitstimmung und Dystopie als Themen der Kinder- und Jugendliteratur (2012) 3, S. 59–63.

137 Vgl. Schweikart, Ralf: Nur noch kurz die Welten retten. Dystopien als jugendliterarisches Trendthema. In: Kein Ort. Niemals? Endzeitstimmung und Dystopie als Themen der Kinder- und Jugendliteratur (2012) 3, S. 3–11, hier S. 3–7.

Insbesondere also die Medienbranche und darin im Speziellen die Buchbranche registrieren diesen Übergang. Fachzeitschriften wie *Börsenblatt* oder *BuchMarkt* füllen ihre Seiten ausgiebig damit. Eine hohe Menge an Fachpublikationen bemüht sich darum, den Veränderungen mit empirischen Mitteln habhaft zu werden und neue Strategien zur Arterhaltung des antiquiert zu sein scheinenden Mediums, aber auch zur Rettung seiner traditionellen Vertriebswege und Herstellungsprozesse zu entwickeln.

Ist in Orwells *Nineteen Eighty-Four* dem Medium Buch noch eine herausragende Rolle zugedacht, so scheint sich dies in den neuesten Dystopien geändert zu haben. Im Jugendbuch-Sektor verzeichneten in den letzten Jahren vor allem Suzanne Collins *The Hunger Games* (2008–2010, als Trilogie) und Veronica Roths *Divergent, Insurgent* und *Allegiant* (2011, 2012, 2013), sicherlich auch unterstützt durch ihre filmische Adaption, enorme Erfolge. In beiden Handlungen spielt das Medium Buch keine Rolle. Es wäre interessant, in der erwähnten Vielzahl an literarischen Dystopien des 21. Jahrhunderts – analog zur exemplarischen Vorgehensweise bei Orwells *Nineteen Eighty-Four* – verstärkt auf die Existenz bzw. Nicht-Existenz, im positiven Befund auf die Rolle des Buches, im negativen auf Erzählmomente, in denen ein Buch erwartet werden oder entscheidend beitragen könnte, zu achten.

Möglicherweise ist also gerade die literarische Dystopie in besonderem Maße in der Lage, als Testimonium eines Medienwandels zu agieren. Als »Gedankenexperiment öffnet [sie] einen neuen Denk- und Vorstellungsraum [... und] provoziert, die Wirklichkeit, ihre Institutionen, Traditionen und Dogmen vergleichend und kritisch zu prüfen«.[138] Sie birgt dabei im Gegensatz zu wissenschaftlichen Publikationen ein größeres Potential hinsichtlich ihrer Reichweite, sowohl was die Leserzahl, als auch was den Gedankenspielraum betrifft. So erweisen sich beispielsweise Sozialversicherung und Vollbeschäftigung als einst utopische Erfindungen.[139] Als »literarisches Frühwarnsystem [stellt sie] die Entwicklungstendenzen der Gegenwart [... in einer] kritischen Analyse der Herkunftsgesellschaft«[140] heraus.

Gerade der Aspekt des scheinbar verzichtbaren Mediums Buch stimmt hier nachdenklich. Die Romanform kann »durch die Kraft der Illusion [...] gegenüber abstrakten Abhandlungen«[141] vielleicht aber auch potentielle neue

---

138 Nipperdey, Thomas: Reformation, Revolution, Utopie (Kleine Vandenhoeck-Reihe 1408). Göttingen: Vandenhoeck und Ruprecht 1975, S. 123.
139 Vgl. Schölderle (2011), S. 489f.
140 Ibid., S. 293.
141 Seeber (2003), S. 242.

Wege erschließen. Auch Saage und Seeber stoßen in die gleiche Richtung und verweisen auf die besonderen gestalterischen Möglichkeiten im Hinblick auf die Zukunft und die der empirischen Sozialforschung verschlossen bleibende Sichtweise.[142] Ein den literarischen Dystopien innewohnender »überredender Impuls«[143] könnte von Autorenseite aus auch zur pädagogischen Nutzung des Genres dienen – gerade in Anbetracht des offensichtlich neuen Zielpublikums der Kinder und Jugendlichen – und mittels Extrapolation gegenwärtiger für das traditionelle Buch negativer Tendenzen analog zu *Nineteen Eighty-Four*, doch ein digitales 21. Jahrhundert im Blick habend, die Aufgabe einer (Neu-)Heranführung und einer (Neu-)Vermittlung der positiven Zuschreibungen an das Medium erfüllen.

142 Vgl. ibid., S. 230f. Vgl. auch Saage (2000), S. 37.
143 Seeber (2003), S. 70.

5 TWENTY EIGHTY-FOUR. AUSBLICK UND FAZIT

»Orwell would have been horrified by the misrepresentation of his ideas«.[144] In der Tat sah sich der Autor noch auf seinem Totenbett zu einer Pressemitteilung gegen die Vereinnahmung seines Romans gezwungen, in der er *Nineteen Eighty-Four* als Satire einer möglichen Zukunft zu verteidigen versuchte. Es handele sich weder um eine Prophezeiung einer zwangsläufig eintreffenden Zukunft, noch um eine Kritik am Sozialismus. Vielmehr sei es eine Warnung und Aufforderung. So endet er auch mit den Worten: »Don't let it happen. It depends on you.«[145]

Die zahlreichen Vereinnahmungen und Interpretationen in den letzten Jahren wurden zu Anfang der Arbeit überblicksartig wiedergegeben. Die Fülle der Ansätze verwundert hinsichtlich des enormen Erfolges des Romans nicht. Seit seiner Veröffentlichung im Sommer 1949 erschienen in regelmäßigen Abständen und insbesondere 1984 neue Editionen des Buches und es wurde seitdem in viele Sprachen übersetzt. In deutscher Sprache liegen derzeit zwei Übersetzungen vor. Die erste erstellte Kurt Wagenseil 1950, die zweite Michael Walter 1984. Beide Fassungen, die zweite sogar noch stärker, sind durch eine antikommunistische Lesart geprägt. Die erste Verfilmung datiert auf 1956, die zweite kaum verwunderlich auf 1984. Auch in zahlreichen anderen Medien und Plattformen fand der Roman selbst oder sein Thema Niederschlag.[146] Somit ist *Nineteen Eighty-Four* auch heute noch vielen zumindest indirekt ein Begriff, häufig sind dabei die vier Ziffern Aus-

---

144 Fenwick (1998), S. ix der Einleitung.

145 Vgl. ibid., S. 130f.

146 Siehe ausführlicher hierzu ibid., S. 131–156, wo eine umfangreiche Bibliographie bis 1998 verzeichnet wurde. Zu den deutschen Übersetzungen vgl. Meyer (2001), S. 436, der dann feststellt: »Dabei scheint es in jedem Land einen anderen Orwell zu geben.« Ibid., S. 438.

druck einer Zukunftsangst.[147] Teils liegt eine tatsächliche Lektüre zu Grunde, teils die Kenntnis einer Verfilmung, häufig dürften es aber in erster Linie Begrifflichkeiten wie »Big Brother« sein, die in den Alltag übergangen oder gar für ein Fernsehshow-Konzept[148] genutzt wurden. Gerade in letztem Fall wird wohl aber auch vielen die Herkunft nicht (mehr) bekannt sein.

Dennoch gelten *Nineteen Eighty-Four* und *Animal Farm* mit zusammen mehr als 50 Millionen verkauften Exemplaren als das erfolgreichste Buchduett eines Autors aller Zeiten (Stand 2009), wovon ersteres allein zwischen 1983 und 1984 beinahe vier Millionen verkaufte Exemplare verzeichnete, und Georg Orwell als einer der bedeutendsten englischschreibenden Literaten des 20. Jahrhunderts. Eine Umfrage, durchgeführt von *Waterstones*, dem führenden Filial-Buchhändlers Großbritanniens, listete *Nineteen Eighty-Four* und *Animal Farm* auf Platz Zwei und Drei der einhundert bedeutendsten Bücher des 20. Jahrhunderts auf, lediglich J. R. R. Tolkiens *The Lord of the Rings* mussten sie den Vortritt lassen.[149]

Diese ungebrochene Popularität von Orwells *Nineteen Eighty-Four* wurde hier zum Anlass genommen, der Reihe der Interpretation eine auch oder gerade heute noch relevante Aussageabsicht zum Medium Buch zu entlocken. Als Paradigma der literarischen Dystopie wurden anfangs über Gattungsgeschichte und die wesentlichen Merkmale in Unterscheidung zur Utopie und Anti-Utopie drei Hauptthemen des Genres beschrieben. Darunter fällt auch der Umgang mit der Vergangenheit in einer Gesellschaft. Die Dystopie in ihrer Funktion als Appell an ihre Gegenwart hat eine Realitätskorrektur mittels Extrapolationen zum Ziel. Das Aufzeigen der Genese von Orwells Roman förderte als geistige Grundlage die zunehmende Skepsis des Autors an objektiver Wahrheit und Geschichtsschreibung in seinem letzten Lebensjahrzehnt zu Tage. In Kombination mit dem Hauptbeweggrund seiner literarischen Tätigkeit, dem historischen Impuls, sieht er auch das Medium Buch in seiner Funktion als bedeutender Träger eines kulturellen Gedächtnisses gefährdet. Unter diesem Aspekt wurde mittels des Schemas »vis« – »ars« – »memorizid« ein Gliederungsvorschlag für *Nineteen Eighty-Four* unternommen. In einer darauf erfolgten Durchsicht des Romans wurden hinsichtlich der darin beschriebenen Kulturpolitik innerhalb der Termini von Assmann/Assmanns Theorie des kulturellen Gedächtnisses ein gezielter

147 Vgl. ibid.
148 Am 25. Juni 2003 wurde Orwells 100. Geburtstag mit der Ausstrahlung dieser Fernsehshow »gefeiert«. Vgl. Rodden / Rossi (2012), S. 107.
149 Vgl. ibid. , S. 103–108.

Missbrauch des Mediums Buch und ein Verlust der positiven Zuschreibungen an es aufgezeigt. Gemäß der an gegenwärtigen Tendenzen kritikübenden Funktion der Dystopie kann auf entsprechende Beobachtungen Orwells in seiner Zeit rückgeschlossen werden. Dass Rückschlüsse auf eine Gesellschaft auch anhand eines gehäuften Auftretens an literarischen Dystopien getätigt werden können, zeigte die Nachzeichnung des Verlaufs des Genres im 20. Jahrhundert, in dem in der Nähe der Entstehungszeiten der Romane stets Kriege, Katastrophen oder sonstige erheblichen Umwälzungen ausgemacht wurden. Da im 21. Jahrhundert nicht nur eine hohe Zahl, sondern auch mit Kindern und Jugendlichen überraschende Adressaten zu beobachten sind, muss analog der seismographischen Fähigkeit der Dystopie im vorherigen Jahrhundert ebenfalls von einem Wandel als Ursache ausgegangen werden. Dieser wurde mit dem Übergehen in ein digitales Zeitalter identifiziert, der mit erheblichen Auswirkungen auf das Medium einhergeht. Eine genauere Betrachtung neuerer Publikationen des Genres könnte hierbei möglichweise zu interessanten Einsichten bezüglich des Zustandes und der Zukunft des Mediums Buch führen.

Der Gedanke des Testimoniums eines Medienwandels speziell in Bezug auf *Nineteen Eighty-Four* ist hierbei nicht einmal neu. Bereits 1984, passend zum »Orwell-Jahr« nahm Hans-Dieter Kübler als Herausgeber des Jahrbuches *Jenseits von Orwell. Analysen zur Instrumentierung der Kultur* jenen sozusagen als Patron für eine Diskussion über einen Medien- und Kulturwandel hin zu einer neuen Informationsgesellschaft in Beschlag.[150] Auch andere Werke, wie *Der Orwell-Staat 1984: Vision und Wirklichkeit*,[151] wollten zeigen, wie nahe unsere Gesellschaft Orwells Dystopie sei. Auch wenn solchen Publikationen mit Vorsicht zu begegnen ist, scheinen sie doch auf gewissen realen Ansätzen zu beruhen. Gerade in jüngster Zeit hat das Thema der Datensicherheit und -spionage reichlich Schlagzeilen erhalten. Vor wenigen Jahren war auch der Buchmarkt von orwell'schen Geschehnissen betroffen. Im Oktober 2009 löschte *Amazon* quasi über Nacht Orwells *Nineteen Eighty-Four* und *Animal Farm* aus dem Speicher aller E-Book-Reader. Der Rechte innehabende Verlag *Barnes & Noble* hatte sich nachträglich gegen die elektronische Version der beiden Romane entschieden.[152] Dieses Ereignis könnte

---

150 Jenseits von Orwell. Analysen zur Instrumentierung der Kultur (Gesellschaft, Kultur und Medien 1). Hrsg. von Hans-Dieter Kübler. Frankfurt a.M.: Haag + Herchen 1984.
151 Der Orwell-Staat: Vision und Wirklichkeit (Spiegel-Buch 44). Hrsg. von Werner Meyer-Larsen. Reinbek bei Hamburg: Rowohlt 1984.
152 Vgl. Rodden / Rossi (2012), S. 107f.

man als schlicht ärgerlich oder aber auch einfach höchst ironisch bewerten. Vielmehr ist es allerdings bedenklich, da es einen gefährlichen Strukturwandel weg von einer weiten Verzweigung und hin zu zentraler Konzentration in der Buchbranche offenlegt. Unterstützt durch moderne Technik scheint sich eine enorme, geradezu monopolistische Macht über den einzelnen Leser zu entwickeln, der sich nicht einmal mehr seiner Bücher gewiss sein kann.

Orwells Aussagen zum Medium Buch, welche jener vor nun mehr als 65 Jahren in Bezugnahme auf seine eigene Lebenszeit tätigte, haben heutzutage daher immer noch Relevanz. In ihrer satirischen Überzeichnung der Kulturpolitik eines Staates, innerhalb dessen Bücher zur Kontrolle seiner Einwohner missbraucht werden, treffen sie in gewisser Weise auch auf gegenwärtige Tendenzen zu. Es ließe sich also wie O'Brien fragen: »Do you begin to see, then, what kind of world we are creating?«[153]

153 Orwell, S. 241.

LITERATURVERZEICHNIS

Quellen[154]

George Orwell. Nineteen Eighty-Four (Penguin Student Editions). Hrsg. von Ronald Carter und Valerie Durow. London: Penguin Books 2000.

The Collected Essays, Journalism and Letters of George Orwell. Hrsg. von Sonia Orwell und Ian Angus. 4 Bde. London: Secker & Warburg 1968–1969.

Forschungsliteratur

Adelson, Joseph: The Self and the Memory in Nineteen Eighty-Four. In: The future of Nineteen Eighty-Four. Hrsg. von Ejner J. Jensen. Ann Arbor: University of Michigan Press 1984, S. 111–119.

Affeldt-Schmidt, Birgit: Fortschrittsutopien. Vom Wandel der utopischen Literatur im 19. Jahrhundert. Stuttgart: Metzler Studienausgabe 1991.

Allen, Francis A.: Nineteen Eighty-Four and the Eclipse of Private Worlds. In: The future of Nineteen Eighty-Four. Hrsg. von Ejner J. Jensen. Ann Arbor: University of Michigan Press 1984, S. 151–175.

Assmann, Aleida: Erinnerungsräume. Formen und Wandlungen des kulturellen Gedächtnisses. München: Beck 1999.

Assmann, Aleida / Assmann, Jan: Das Gestern im Heute. Medien und soziales Gedächtnis. In: Die Wirklichkeit der Medien. Eine Einführung in die Kommunikationswissenschaft. Hrsg. von Klaus Merten, Siegfried J. Schmidt und Siegfried Weischenberg. Opladen: Westdt. Verlag 1994, S. 114–140.

Chrostek, Katharina: Utopie und Dystopie bei Michel Houellebecq: komparatistische Studien (Studien und Dokumente zur Geschichte der Romanischen Literaturen 59). Frankfurt a.M. u.a.: Lang 2011.

Claeys, Gregory: Ideale Welten. Die Geschichte der Utopie. Darmstadt: WBG. 2011.

---

154 Die vorliegende Arbeit beschäftigte sich ausdrücklich mit George Orwells Nineteen Eighty-Four. Alle in der Arbeit teils lediglich nur erwähnten literarischen Dystopien und Utopien, auf die jedoch nicht explizit verwiesen wurde, sind für den interessierten Leser mittels der gemachten Angaben von Autor, Titel und Erscheinungsjahr problemlos zu ermitteln. Auf einen expliziten Nachweis an dieser Stelle kann daher verzichtet werden.

Crick, Bernard: Nineteen Eighty-Four. Satire or Prophecy? In: The future of Nineteen Eighty-Four. Hrsg. von Ejner J. Jensen. Ann Arbor. University of Michigan Press 1984, S. 7–21.

Deutscher, Isaac: 1984 – The Mysticism of the Cruelty. In: George Orwell. A Collection of critical Essays (A Spectrum Book. Twentieth century views 119). Hrsg. von Raymond Williams. Englewood Cliffs, New Jersey: Prentice-Hall 1974, S. 119–132.

Der Orwell-Staat: Vision und Wirklichkeit (Spiegel-Buch 44). Hrsg. von Werner Meyer-Larsen. Reinbek bei Hamburg: Rowohlt 1984.

Erzgräber, Willi: Utopie und Anti-Utopie in der englischen Literatur. Morus, Morris, Wells, Huxley, Orwell (Uni-Taschenbücher 1071, Literaturstudium 1). München: Fink 1985.

Fenwick, Gillian: George Orwell. A Bibliography (Winchester bibliographies of the 20th century writers). Winchester: St. Paul's Bibliographies u.a. 1998.

Fest, Joachim: Der zerstörte Traum. Vom Ende des utopischen Zeitalters. Berlin: Siedler 1991.

Gnüg, Hiltrud: Der utopische Roman. Eine Einführung (Artemis-Einführungen 6). München u.a.: Artemis-Verlag 1983.

Hammond, John Richard: A George Orwell Chronology (Author chronology series). Basingstoke: Palgrave 2000.

Hammond, John Richard: A George Orwell Companion: a guide to the novels, documentaries and essays. London: Macmillan 1984.

Hiller, Helmut / Füssel, Stephan: Wörterbuch des Buches. Frankfurt a.M.: Klostermann 2006.

Jenseits von Orwell. Analysen zur Instrumentierung der Kultur (Gesellschaft, Kultur und Medien 1). Hrsg. von Hans-Dieter Kübler. Frankfurt a.M.: Haag + Herchen 1984.

kjl&m. Forschung, Schule, Bibliothek (Kein Ort. Niemals? Endzeitstimmung und Dystopie als Themen der Kinder- und Jugendliteratur) 3. Hrsg. von Ricarda Dreier, 2012.

Kumar, Krishan: Utopia and Anti-Utopia in Modern Times. Oxford: Blackwell 1987.

Mahler, Andreas: Diskursdystopien. Ein theoretischer Versuch. In: Utopie und Dystopie in den neuen englischen Literaturen (Anglistische Forschungen 304). Hrsg. von Ralph Pordzik und Hans Ulrich Seeber. Heidelberg: Universitätsverlag C. Winter 2002, S. 22–45.

Meyer, Stephan: Die anti-utopische Tradition. Eine idee- und problemgeschichtliche Darstellung (Europäische Hochschulschriften 1, Deutsche Sprache und Literatur 1790). Frankfurt a.M. u.a.: Lang 2001.

Nipperdey, Thomas: Reformation, Revolution, Utopie (Kleine Vandenhoeck-Reihe 1408). Göttingen: Vandenhoeck und Ruprecht 1975.

Nüman, Maik: Aktuelle dystopische Jugendliteratur. In: Kein Ort. Niemals? Endzeitstimmung und Dystopie als Themen der Kinder- und Jugendliteratur (2012) 3. S. 59–63.

Otto, Dirk: Das utopische Staatsmodell Platons Politeia aus der Sicht von Orwells Nineteen Eighty-Four (Philosophische Schriften 12). Berlin: Duncker & Humblot 1994.

Peters, Jan Eden: We Are The Dead. Untersuchungen zur historischen Analyse im antiutopischen Roman: Nineteen Eighty-Four, Brave New World, Wir (My) (Europäische Hochschulschriften 14, Angelsächsische Sprache und Literatur 137). Frankfurt a.M. u.a.: Lang 1985.

Pordzik, Ralph: Utopischer und post-utopischer Diskurs in den neuen englischsprachigen Literaturen. In: Utopie und Dystopie in den neuen englischen Literaturen (Anglistische Forschungen 304). Hrsg. von Ralph Pordzik und Hans Ulrich Seeber. Heidelberg: C. Winter 2002, S. 9–26.

Rautenberg, Ursula: »Buch«. In: Das BuchMarktBuch. Der Literaturbetrieb in Grundbegriffen (rororo 52672, Rowohlts Enzyklopädie). Hrsg. von Erhard Schütz u.a. Reinbek bei Hamburg: Rowohlt Taschenbuch 2005, S. 63–69.

Rodden, John / Rossi, John: The Cambridge introduction to George Orwell. Cambridge u. a.: Cambridge University Press 2012.

Saage, Richard: Politische Utopien der Neuzeit (Herausforderungen 11). Bochum: Winkler 2000.

Schölderle, Thomas: Utopia und Utopie. Thomas Morus, die Geschichte der Utopie und die Kontroverse um ihren Begriff. Baden-Baden: Nomos Verlagsgesellschaft 2011.

Schopenhauer, Arthur: Parerga und Paralipomena. Kleine philosophische Schriften 2. In: Ders.: Sämtliche Werke. Bd. 5 (Suhrkamp-Taschenbuch Wissenschaft 665). Hrsg. und textkrit. bearb. von Wolfgang Frhr. von Löhneysen. Frankfurt a. M.: Suhrkamp 1986.

Schulte Herbrüggen, Hubertus: Utopie und Anti-Utopie. Von der Strukturanalyse zur Strukturtypologie (Beiträge zur englischen Philologie 43). Bochum-Langendreer: Pöppinghaus 1960.

Schweikart, Ralf: Nur noch kurz die Welten retten. Dystopien als jugendliterarisches Trendthema. In: Kein Ort. Niemals? Endzeitstimmung und Dystopie als Themen der Kinder- und Jugendliteratur (2012) 3, S. 3–11.

Seeber, Hans Ulrich: Die Selbstkritik der Utopie in der angloamerikanischen Literatur (Politica et Ars 5). Münster: Lit 2003.

Stopka, Katja: »Bibliothek«. In: Das BuchMarktBuch. Der Literaturbetrieb in Grundbegriffen. Hrsg. von Erhard Schütz u.a. Hamburg: Rowohlt 2005, S. 53–58.

Waschkuhn, Arno: Politische Utopien. Ein politiktheoretischer Überblick von der Antike bis heute (Lehr- und Handbücher der Politikwissenschaft). München u.a.: Oldenbourg 2003.

Weinrich, Harald: Lethe. Kunst und Kritik des Vergessens. München: Beck 1997.

Weinrich, Harald: Sprache in Texten. Stuttgart: Klett 1976.

Zeißler, Elena: Dunkle Welten. Die Dystopie auf dem Weg ins 21. Jahrhundert. Marburg: Tectum 2008.